国家自然科学基金"城市消费活力的微观经济机制：基于出行选择模型的研究"（项目号：71804107）

上海市教育发展基金会和上海市教育委员会"晨光计划"（项目号：17CGS8）

CONSUMPTION
VIBRANCY
and Location Values
in the Urban Space

城市空间中的消费
活力与区位价值

徐杨菲　◎著

中国财经出版传媒集团

经济科学出版社
Economic Science Press

前　言

　　高质量的消费机会已经成为城市生活质量和竞争力的重要决定因素之一。同时，城市消费活力也正在成为国际上城市经济学的前沿研究问题。城市政府的空间规划、交通基础设施建设和管理对塑造城市消费空间有重要影响，很大程度上影响了各个区位的消费者规模，从而影响消费活力。同时，具有较高消费活力的区位，会具有较高的商业用地和居住用地区位价值。

　　在国际前沿研究的基础上，本书着重关注城市空间中土地利用和交通体系对降低空间摩擦、塑造城市消费空间的经济机制。本书首先从市场规模理论出发，分析了由人口分布和交通成本共同决定的市场规模对提高零售店数量和多样性的影响机制；之后以北京市为研究对象，利用城市空间中丰富的多维度微观数据，精确度量各个区位通过交通体系所获得的"潜在消费者"规模，以及街区层面的连通性特征并将其转化为"周边消费者"规模的能力，实证检验这两个层面的作用机制对消费活力的影响效应；在此基础上，利用特征价格模型揭示消费活力对提升商业和居住区位价值的作用。

　　本书实证研究的主要结论有以下三个。（1）在城市全局尺度，反映交通可达性的市场潜力指标每增加1个标准差，消费活力的数量和多样性指标分别增加0.8个和0.5个标准差。但是，交通拥堵会使市场潜力和消费活力严重受损。相反，地铁的建设与开通极大提高了沿线站点的市场潜力，推动了相关区域的商业繁荣。（2）在城市局部尺度方面，分别以步行友好性和停车便利性度量的连通性水平越高，越有利于"潜在消费者"向"周边消费者"的转变，所在区域零售店的消费活力也就越高。（3）消费活力越高，商业用地区位价值也越高，前者提升 1 个标准差会带来商业用地价值提高 0.26 ~ 0.29 个标准差；而丰富和多样化的消费活力也会提高生活质量，带动居住用地区位价值上升。

本书的理论和实证研究结论将在以下两个方面支持城市公共政策制定者和私营部门的科学决策：（1）土地利用、规划和交通等公共政策制定者需要从全局和局部两个层面，从交通和土地利用相互整合的角度致力于降低城市空间中的交通摩擦，促进消费活力的有效形成，提升城市消费空间的质量，这将有利于吸引高质量人力资本；（2）消费机会的供给者（零售商）和需求者（居民）可以根据各区位的市场规模及未来变化，依据自己的比较优势和偏好进行合理选址。

目 录

Contents

第1章 绪论 / 001

1.1 研究背景、目的与意义 ⋯⋯⋯⋯⋯⋯⋯⋯⋯⋯⋯⋯ 001

1.2 关键概念与研究范围 ⋯⋯⋯⋯⋯⋯⋯⋯⋯⋯⋯⋯ 010

1.3 国内外相关研究现状与进展 ⋯⋯⋯⋯⋯⋯⋯⋯⋯⋯ 012

1.4 研究方法、数据来源与技术路线 ⋯⋯⋯⋯⋯⋯⋯⋯ 030

1.5 主要内容与结构安排 ⋯⋯⋯⋯⋯⋯⋯⋯⋯⋯⋯⋯ 033

第2章 理论分析与实证方案设计 / 035

2.1 市场规模影响消费活力的经济机制分析 ⋯⋯⋯⋯⋯ 035

2.2 交通可达性影响市场规模的经济机制分析 ⋯⋯⋯⋯ 041

2.3 消费活力影响区位价值的经济机制分析 ⋯⋯⋯⋯⋯ 047

2.4 基于理论分析框架的实证方案设计 ⋯⋯⋯⋯⋯⋯⋯ 048

2.5 本章小结 ⋯⋯⋯⋯⋯⋯⋯⋯⋯⋯⋯⋯⋯⋯⋯⋯ 051

第3章 消费活力与交通可达性的度量方法 / 053

3.1 实证研究的数据说明及预处理 ⋯⋯⋯⋯⋯⋯⋯⋯⋯ 053

3.2 消费活力的度量方法 ⋯⋯⋯⋯⋯⋯⋯⋯⋯⋯⋯⋯ 066

3.3 可达性的度量方法 ⋯⋯⋯⋯⋯⋯⋯⋯⋯⋯⋯⋯⋯ 070

城
市
空
间
中
的
消
费
活
力
与
区
位
价
值

3.4　本章小结 ·· 079

第4章　市场潜力对消费活力的影响效应研究 ／ 081

4.1　市场潜力对消费活力的影响机制与效应分析 ·········· 081

4.2　市场潜力对消费活力影响的异质性分析 ·········· 089

4.3　市场潜力对消费活力影响的稳健性检验 ·········· 093

4.4　轨道交通建设提高消费活力的实证研究 ·········· 096

4.5　本章小结 ·· 106

第5章　连通性对消费活力的影响效应研究 ／ 108

5.1　局部路网密度对消费活力的影响效应研究 ·········· 109

5.2　内生性问题及工具变量法实证分析 ·········· 118

5.3　停车设施对消费活力的影响效应研究 ·········· 124

5.4　本章小结 ·· 131

第6章　消费活力对区位价值的影响效应研究 ／ 133

6.1　消费活力对商业区位价值的影响效应研究 ·········· 133

6.2　消费活力对居住区位价值的影响 ·········· 142

6.3　本章小结 ·· 148

第7章　研究结论 ／ 150

7.1　主要研究结论及对相关决策的经济含义 ·········· 152

7.2　主要学术贡献 ·· 157

7.3　研究的局限性与后续研究计划 ·········· 159

参考文献 ／ 163

第1章

绪　论

1.1　研究背景、目的与意义

1.1.1　研究背景

（1）具有充足数量和多样性的本地化消费机会已经成为影响城市宜居性和竞争力的关键要素。城市的形成和发展源自人们对于高密度的需求。大量城市经济学研究已经发现，高密度和生产者之间的空间临近能够通过集聚经济机制提高生产力，促进城市经济增长。近些年来，一些城市经济学家进一步指出，城市不仅仅是生产中心，而且也是重要的消费中心。高密度的城市往往具有更多样化的消费机会，而空间临近性的提高能够使人们更便捷地享受这些消费机会，在消费的同时形成更为频繁和多元化的社会互动。对"消费城市"的研究正在逐渐成为城市经济学的前沿方向之一。

按照消费对象的空间流动性，可以将城市居民的消费分为可贸易品消费和不可贸易品消费两大类（Goldstein et al.，1980）。各种制造业产品是典型的可贸易品，人们无论在哪个城市都可以很容易购买到其他地方生产的这些产品；而餐馆、零售与休闲空间、学校、博物馆和游乐园等所提供的本地化服务属于典型的不可贸易品，往往需要人们前往这些服务所在的区位来消费。更进一步，人们到餐馆就餐和到咖啡店喝咖啡，很多时候并不仅仅是消费那里的产品和服务，更多的是去开展"面对面"的互动交流，这更加强了其"本地化"的消费特征。显然，城市作为消费中心的魅力和竞争力，并不在于那些各个城市间并无明显壁垒和差异性的可贸易品，而是在于不可贸易品的数量、质量及其多样性。

本地化的消费品可以由公共部门提供，也可以由私营部门提供。前者的例子包括学校和医院等，这方面的研究（包括对中国的研究）较多。本书主要关注私营部门所提供的本地消费品，也称之为"本地化的私营消费品"。这些消费品附着在区位之上，学者将它们及其所处区位共同为居民所带来的消费服务称为"本地化的消费机会"。

本书的实证研究将主要关注餐饮、零售与休闲空间。一方面，是因为获取了这些消费机会的高质量数据；另一方面，它们也是城市中"面对面互动交流"最频繁和最具有活力的场所。事实上，这些本地化消费机会，已经成为消费城市中的地标和亮点。例如，美国波士顿的昆西市场（Quincy Market）和斯克雷广场（Sccollay Square）、纽约的南街海港（South Street Seaport）通过设置大量休闲和购物设施，不仅刺激了旅游业，也吸引高技能劳动力重新回到城市中心居住和就业，使衰败的中心城区再次复兴（季松、段进，2012）。在中国，北京中关村 3W、贝塔、车库等咖啡店，已经成为年轻人碰撞创业火花的重要场所；而上海南京路、新天地等购物餐饮街区的精巧设计，带动了附近商业和办公活动的繁荣，为城市消费空间增添了亮丽的一笔。

"城市，让生活更美好"——人们来到城市不仅仅是为了得到更好的工作机会，也是为了享受更高的生活质量。特别是随着收入水平和受教育程度的提高，人们越来越重视城市生活质量，对城市消费活力（包含消费机会的数量和多样性）的需求也越来越强（Glaeser et al.，2006）。这意味着，在劳动力流动性日益增强的今天，能否为高技能劳动力提供具备充足数量和多样性的消费机会，已经成为城市能否吸引和留住这些人力资本的关键，而人力资本正是城市持久竞争力的核心要素（Glaeser et al.，2001）。

（2）土地利用和交通基础设施直接影响餐饮、零售与休闲空间等消费机会的空间布局和活力，成为塑造城市消费空间的重要力量。与本地化的公共品由地方政府供给的机制不同，餐饮、零售与休闲空间的供给和需求主要由市场机制决定，但城市政府通过对土地利用和交通基础设施的规划和建设对其产生深刻影响。作为地方私人品，我们所研究的消费机会具有区位固定性，因而对于任何一个区位而言，有效需求取决于消费者的数量和每个消费者的需求量（Schiff & Nathan，2015）。消费者的人均需求量取决于居民收入和各自的偏好。消费者的数量，即市场规模则一方面取决于市场潜力——有多少潜在消费者能够比较方便地到达这个区位来消费；另一方面取决于"潜在消费者"来到这个区位后，能够转化为真正到达零售店周边的"周边消费者"的可能性（当然最后还取决于周边消费者是否实现真正消费，但这不再属于城市空间中土地利用和交通互动的研究范畴）。

"市场潜力"是一个全局尺度的概念。对于城市空间中的任何一个区位，能够在合理的时间范围内从城市中其他各个区位到达该区位的人数越多（即"可达的潜在消费者数量"越大），对该区位餐饮、零售与休闲空间的需求也就越大。市场潜力会受到土地利用和交通的双重影响——该区位及附近区域是否具有更高的居住和就业人口密度（受土地利用类型、强度及住房供给的影响），以及这些人能够以怎样的速度移动到该区位（受城市快速路和轨道交通空间布局的影响），这是"全局可达性"的范畴。事实上，在中国大城市，地铁的建设确实提高了人们在空间上的移动速度和各个地铁站点的可达性，促进了其周边的商业繁荣。例如，北京地铁4号线的海淀黄庄站、南京地铁1号线的新街口站等典型站点，形成了交通便利、商业活动繁荣的重要商业中心。但同时，道路拥堵已经是各大城市道路交通的常态，而这严重降低了人们的移动速度和道路周边区位的可达性，减少了这些区位上"可达的潜在消费者数量"。

"潜在消费者"来到一个区位附近后，如何能够更加便捷地到达这些餐饮、零售与休闲空间的店铺而成为"周边消费者"，从城市空间的角度来看，则是一个局部尺度（街区）的"局部可达性"问题。连通性越强，越有利于提升从潜在消费者转化为周边消费者的转化能力，从而提高消费活力。连通性包括不同交通模式转换的便捷程度，也包括从交通体系到最终目的地之间的便捷程度。直观地，道路密度越高，道路连接点密度越大，越有利于步行，也就越有利于选择公共交通的消费者从公交站或地铁站等交通枢纽下车后去往消费场所；停车设施越充足和便利，也越有利于选择私人交通的消费者到达最终的消费场所。在现实中，中国大城市在街区规划设计中仍存在不少不尽合理之处，阻碍了城市中高质量消费机会的集聚。例如，地铁站出口远离居民区或商业区，道路过宽、连接点密度小，街区内停车位供不应求，中心城区仍有许多封闭式"单位大院"，这些都严重破坏了街区的连通性，对周边的消费环境和消费活力产生了抑制作用。

综合上述两点，理解土地利用和交通体系从全局和局部尺度如何影响城市消费机会的空间布局以及背后的经济机制，有利于制定合理的土地和交通政策，促进城市内高质量消费机会的形成，提高城市各个区位上的生活质量。

（3）高质量消费机会的集聚会显著提升区位价值并激发商业活力。高质量消费机会的集聚，往往带来在消费者和零售商中的正外部性，形成"滚雪球"效应并不断自我强化，塑造城市中土地价值的高地。城市空间中诸如步行街、购物中心、休憩消费空间这样的场所，作为大量消费机会的聚集地，对于消费者和零售商均具有正外部性。对于消费者而言，消费机会的集聚既提供了"比较购物"的机会（可以在众多商品中寻求更符合自己偏好的商品，从而降低了商品搜寻过程中的不确定性），也提供了"一站式购物"的机会（消费者可以在单次出行中实现多重购物目的）。这就使得消费者对于产品和服务具有更高的支付意愿；对于零售商而言，相互集聚一方面虽然增强了竞争，另一方面却可以得到消费者更高的支付意愿，共享主力店的溢出效应和更大的消费者群体，并分摊管理和配套设施的成本，因此愿意支付更高的商业租金。

同时，正如"消费城市"理论所提出的，高质量消费机会的集聚对于周边居民而言也是一种重要的宜居性要素（Glaeser et al.，2001），这会提高居民对相应区位的支付意愿。一般而言，越是高技能群体，对生活质量和消费活力的需求也越高，而他们在这些区位的聚集会形成人力资本的外部性，带来更多的社交机会和创新活力，这会由此通过"滚雪球"效应进一步提高这些区位的居住价值。

因此，对于零售商和住宅开发企业而言，理解上述消费机会集聚所蕴含的外部性，有利于理性平衡集聚的正外部性和更大的竞争压力，作出合理的选址决策；对于城市规划和管理者而言，对上述机制的理解能够帮助其通过有效的交通基础设施供给和城市空间规划优化城市消费空间布局，激发消费活力并提高城市生活质量。

1.1.2　研究问题

本书旨在回答以下问题。

（1）在城市空间的"全局尺度"上，土地利用和交通体系如何通过市场规模来影响消费活力？具体而言，城市规划和管理者对城市空间各个区位土地利用性质和利用强度的设定和管制，影响了人口在空间上的分布格局和密度；而道路交通（含拥堵状况）和轨道交通影响居民在空间上的移动速度，这些都会影响某个区位的全局可达性。如何计算得到在一定时间内能通过交通系统到达特定区位的人口总量，即该区位上零售商的市场潜力（"潜在消费者"规模）？市场潜力与零售商进入市场、提供消费机会的进入门槛直接相关，它会如何影响各个区位上零售商店的数量和多样性？进一步地，不同的集聚形态，例如购物中心或零散的街边店铺，受市场规模的影响效应会有何区别？

（2）在城市空间的"局部尺度"上，街区内的连通性如何将"潜在消费者"规模转化为"周边消费者"？潜在消费者中，有多少人能够真正临近具体的零售店而成为"周边消费者"会影响实际的市场规模。具体而言，在给定全局尺度的市场潜力后，连通性作为关键的局部尺度特征，影响了消费者在不同交通模式之间转换的便捷程度，以及从交通体系前往消费场所的便捷程度（局部可达性），从而影响了将"潜在消费者"转化为"周边消费者"的能力。如何根据各个区位上土地混合利用程度、路网密度、停车设施等特征度量连通性？这一变量如何影响潜在消费者转化为周边消费者的能力，并对消费活力产生影响？最后，局部尺度的连通性特征对不同零售集聚形态的影响效应有何区别？

（3）消费机会集聚提升区位价值的经济机制分析。消费活力提高对区位价值的提升作用有两种经济机制：一是通过集聚经济机制提高商业用地的区位价值；二是通过居住选址和群分效应提高居住用地的区位价值。进一步，对于商业区位价值的影响效应又分为直接和间接两个效应。第一，市场规模扩大使得更多的零售商满足了进入市场的最小规模门槛，因而提高了零售商对区位的支付意愿，提升了区位价值；第二，零售商之间的集聚通过分享市场规模、共同管理和分摊设施成本等途径产生正外部性，进一步提高零售商对集聚区位的支付意愿。对于居住区位价值的影响效应则源于消费活力增加所带来的生活质量提升，这里面既存在人力资本集聚所带来的正外部性（"滚雪球"效应），也可能存在人流量过大所带来的拥堵等负外部性，且遗漏变量和反向因果等内生问题会为实证检验带来困难。如何定量测度消费活力对商业用地和居住用地区位价值的提升作用，并识别其中的经济机制？

这些研究问题将按照图1-1所示的逻辑框图展开。

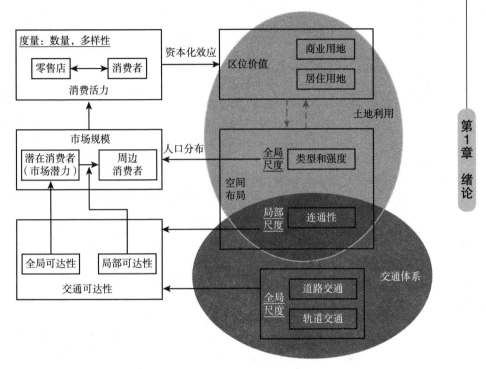

图1-1 研究问题和研究对象的逻辑框

1.1.3 研究意义

（1）在城市空间层面上完善和发展消费城市的研究体系。消费城市理论已经成为城市经济学在国际学术界中近些年来的前沿研究方向，对于理解城市经济转型和内生增长具有重要的理论和现实意义。但城市经济学领域对"消费城市"理论的实证研究多集中在城市层面，探讨城市拥有消费机会的质量和数量如何影响其对高技能劳动力的吸引力，进而影响城市人口、就业和经济的增长。而在城市空间内部，不同区位上消费活力如何受到城市规划、土地利用和交通体系影响的经济机制和实证研究相对缺乏，消费机会这种内生性宜居要素与房价、地价之间的关系也还缺少足够的实证研究。

在中国，宏观经济、社会、文化和商业零售等领域均已逐渐兴起针对社会消费文化及其对城市发展影响的研究潮流，例如消费者行为理论和当前社会的消费行为特征总结（柴彦威、张鸿雁；2010；谢媛媛、吕拉昌，2010），社会消费文化的演进以及西方国家消费文化推动城市发展的经验总结（季松、段进，2012）。实证研究方面，少量研究利用调查资料和数据，对高铁、地铁等交通基础设施对城市消费空间的塑造作用做了一些统计分析。这些研究是本书的重要参考资料和研究基础。本书将在这些研究的基础上，对"消费城市"经济机制做更为微观的实证探讨。

为此，本书着重关注城市空间中土地利用和交通体系对降低交通成本所带来的空间摩擦、塑造城市消费空间的经济机制：基于市场规模理论揭示城市中消费机会空间分布的影响因素和影响机制；利用丰富的城市大数据，精确度量城市各个区位通过交通体系所能获得的潜在消费者规模，以及街区层面的连通性特征将潜在消费者规模转化为周边消费者规模的能力，实证检验这两者对消费活力的影响程度；在此基础上，揭示消费机会集聚及其外部性对提升商业和居住区位价值的作用，丰富国际学术界在本领域的研究成果。此外，中国城市政府近些年来开展的大规模基础设施投资，及特定空间规划方案的出台，将作为外生冲击来有效识别上述经济机制中的因果关系，为消费城市的实证研究方法做出贡献。

（2）丰富土地利用和交通互动的研究体系，强调其对于城市商业活动的意义。在城市经济学领域，土地利用与交通两者之间的互动关系历来都是城市空间结构研究的重点与核心。现有的研究主要探讨了居住和产业与交通体系之间的相互关系，例如职住分离与通勤出行。但对商业用地的研究显得相对薄弱。事实上，非通勤出行（如消费出行）在居民日常生活中所占的比重正在逐渐增加。消费机会的空间分布直接影响消费出行需求，也日益深刻地影响着城市土地的区位价值。

本书着重从商业活动层面关注土地利用和交通的互动机制。具体而言，本书将探讨土地利用空间格局下的人口分布、交通体系运行所形成的市场可达性如何影响人们的消费行为和城市空间中消费机会的布局，并将研究上述效应如何影响零售商和居民对各个商业区位的支付意愿，从而传导至土地区位价值这一经济机制链条。本书将丰富土地利用和交通互动的研究体系，也能够丰富城市空间结构的实证研究成果。

（3）为中国城市空间规划和管理实践提供决策支持。中国城市政府往往借助道路、地铁等基础设施投资以及城市规划来实现城市扩张和空间布局调整的目标。如上所述，这些城市公共政策会对城市消费机会的空间布局产生重要影响。从现阶段来看，通过开通地铁站、规划建设"商业区"或者"新城"等方式，确实推动了不少区块的"城市更新"，形成许多交通便利、消费机会丰富、生活环境舒适的城市社区。但也不得不承认，城市中也有大量街区，远离地铁站点，且分布有不少封闭的"单位大院"，导致承接外部交通与街区内部的道路连通性较差，居民难以从交通网络节点通过步行前往消费场所；也有部分商业区或新城在建成大量高楼和宽阔道路之后，却少有居民迁入或商家入驻，甚至出现了"空城"和"鬼城"的景象。这些问题都意味着在城市空间规划和管理实践中，需要科学的决策支持。

本书从全局和局部两个层面来探讨公共政策的影响机制，为中国城市空间规划和管理实践提供依据和决策支持。书中定量测算了道路和地铁交通网络为各个区位带来的潜在市场规模，以及城市局部连通性水平对于转化潜在消费者的影响。对于上述经济机制的理解，使得城市管理者在全局尺度可以制定更为合理的城市交通基础设施投资和规划策略，更好地结合城市空间中的人口分布增加各个区位的市场潜力；在局部尺度可以形成更加科学的街区设计方案，提高连通性，促进商业活动，提高城市空间中的消费活力和生活质量。

1.2 关键概念与研究范围

1.2.1 关键概念

（1）本地化消费机会。其包含区位、产品（服务）和社会互动三个要素（Couture，2013）。具体而言，本地化消费机会是指通常由私人零售部门提供，与城市空间中的具体区位绑定，需要消费者实际前往消费，且往往伴随社会互动的消费机会。常见的本地化消费机会包括餐馆、咖啡厅、电影院、购物中心、休闲空间等，以下将其统称为"零售店"。本书研究所涉及的本地化消费机会（零售店）的具体分类将在下文中给出界定。

（2）消费活力。针对城市商业活动和居民消费的研究中，有衡量消费活力的多种指标，例如宏观层面的消费额及相关产业产值（赵宇、张京祥，2010），网络购物平台的访问次数和消费额（Peteru et al.，2010），乃至基于百度地图或者微博签到等大数据测算的"热点"（董琦、刘航，2015）等。由于零售商会及时响应消费需求，零售店的分布特征也会被用于度量消费活力。在现有城市经济学文献中，往往采用零售店集聚的相关特征，即零售店分布的数量和多样性这两个指标来度量消费活力（Couture & Victor，2013）。

（3）土地利用。其包括土地利用类型和强度。本书在土地利用类型中主要关注商业用地和居住用地。城市空间中对商业用地的规划从供给端直接影响城市消费机会的空间布局，居住用地的空间规划则影响了人口空间分布。土地利用强度包括资本密度、人口密度和就业密度等方面。本书主要关注人口密度（并以就业密度作为稳健性检验），它们直接通过交通体系的连接转化为各个区块的"可达的潜在消费者规模"，从需求端影响消费活力。

（4）交通体系。本书主要基于道路与轨道交通（主要指城市内的地铁和轻轨）两类交通设施，在整个城市空间的全局层面计算某区位上的零售商可以通过这两种交通方式分别获得的"市场潜力"；进而在街区的局部层面计算"局部可达性"，即上述"潜在消费者"规模通过交通体系末端的连通性特征转化为"周边消费者"规模的能力。对于道路交通，本书将分别考虑拥堵和不拥堵两种情况下的可达性。考虑到在以北京市为代表的一线城市，拥堵是道路交通的常态，这种分析方法可以清晰地揭示出道路和轨道交通两种方式在降低空间摩擦方面的效果差异。

（5）连通性。其包括街区尺寸、道路连接点的密度、步行友好性、停车便利性、街区（或者商场等目的地）与城市道路系统和轨道交通系统之间的连通性等。这些城市设计要素影响着人们从交通系统到达消费目的地的便捷程度，也影响人们消费出行的意愿（Pivo et al.，2011）。连通性是土地利用和交通体系在街区层面所共同表现的特征。

（6）全局可达性和局部可达性①。本书主要探讨消费者从居住地（或就业地）出发前往消费目的地的交通可达性。汉森（Hansen，1959）首先提出了可达性的概念，指通过交通体系从某一区位出发到达空间上另一区位并获得附着在这些区位上各类机会的便利程度。汉迪（Handy，1993）进一步将其分为全局和局部两个层面，本书借鉴汉迪（1993）的分类方法。全局可达性是指到一个区域性商业中心的可达性，往往需要通过较长的道路或者轨道交通。交通线路连接区域的人口越多（就业密度越高），交通时间越短、成本越低，或者可供选择的出行方式越多（公交、地铁、驾车等），全局可达性越高。局部可达性则是指在社区或街区等较小的空间范围内通往购物、就餐等消费场所的可达性，通常与

---

① Handy S. Regional Versus Local Accessibility：Implications for Non-work Travel［D］. University of California Transportation Center，1993.

城市空间中的消费活力与区位价值

社区（街区）内的连通性有关。步行友好性和停车便利性会分别影响公交（及步行）消费者和驾车消费者在末梢区域的局部可达性。

1.2.2 研究范围

（1）城市选择与空间范围。本书的实证研究属于城市内部研究，选取北京市为案例城市。在对土地利用、交通体系以及消费活力的指标设计和实证研究中，选取北京市建成区范围，从数据可得性考虑选择北京市"城六区"（原"城八区"）以内的空间范围。本书将这一空间范围划分为 2 千米 ×2 千米的网格作为主要的空间分析单元。此外，结合不同数据的可得性，区县、街道、居委会、交通分析单元（traffic analysis zone，TAZ）等空间分析单元也将不同程度地被用在实证研究中。

（2）消费机会样本选择。本书的消费机会数据来源于"大众点评网"，分为餐饮、购物、休闲娱乐、运动健身、美容、婚庆、爱车、亲子服务、家装服务和其他生活服务 10 类，均符合本书对"本地化消费机会"的定义（包含产品、区位和社会互动三个要素）。为简便起见，将这些本地化的消费机会统称为"零售店"。

1.3 国内外相关研究现状与进展

1.3.1 消费城市理论

1.3.1.1 消费城市理念的兴起

在传统的城市经济学研究中，认为城市的密度对于生产有溢出效应，对于消费却是一种"灾难"——城市居民不得不忍受较小的住房、严重的拥堵、疾病的传播和犯罪（Kelley & Kevin C.，1977；Hoch & Irving，1997；Power & Thomas M.，1981）。然而，随着后工业时代的到来，城市作为生产中心的功能逐渐弱化，城市作为生活、消费场所的功能逐渐得到了重视，最具代表性的研究是格莱泽等（Glaeser et al.，2006）的文章《消费城市》（*Consumer City*）。文中指出，城市除了作为生产中心之外，还是消费中心。尤其是在居民收入不断增加的背景下，餐馆、剧院等本地化服务和消费品的多样性、怡人的气候和城市建筑环境、高质量的公共服务、良好的交通条件等，构成了城市生活质量的关键，也成为城市能否具有吸引力的关键因素和城市成败的核心。该文可以被认为是"消费城市"理念在城市经济学领域兴起的开山之作，具有重要的启示意义。此后，格莱泽和哥特利布（Glaeser & Gottlieb，2006）对纽约、芝加哥、波士顿等大城市 20 世纪 90 年代起城市复兴现象的研究发现，高质量消费机会对高技能劳动力的吸引，带来了知识的溢出和社会互动的增加，只要大城市在消费和社会互动方面的好处超过了拥堵、犯罪等负面作用，市中心就会拥有充足的吸引力，从而引发城市复兴。卡利诺和赛兹（Carlino & Saiz，2008）的研究则用城市吸引旅游观光的人次来评估城市是否具有吸引力，因为游客所看重的是否靠近海边、自然景观是否优美、是否具有丰富的历史文化遗产和休闲娱乐设施等因素同时也是居民选择在这座城市工作居住的关键因素。

此外，消费城市理念在其他学科中也有相应的阐述。社会学的相关研究观察社会中的消费行为和消费文化的演变，从社会文化、思想、心理等方面进行分析。例如，以凡勃伦和赖特（Veblen & Wright，2017）为首的学者提出了"炫耀性"消费理论，称为消费社会学的理论基础；法兰克福学派的学者进一步发现文化和艺术消费在消费活动中的重要性逐渐突出（张召，2013），他们所关注的电影、博物馆、展览等文化艺术消费机会，与本书所强调的"本地化消费机会"不谋而合。以马克斯·韦伯（Max Weber，2004）和让·波德里亚（Jean Baudrillard，2001）为首的学者提出了消费社会学理论，将消费行为与社会群体的行为和心理相互关联。

在城市规划领域，生活—工作—休闲一体化（live-work-play，LWP）理念的兴起与城市经济学中"消费城市"的兴起相呼应，表明人们越来越关注城市作为文化、消费、休闲、娱乐中心的功能，规划学者提出了"有活力的市中心"（vibrant downtown）的概念，并结合精明发展、新都市主义、交通导向型开发（transit oriented development，TOD）等城市规划理念，大力倡导功能混合型的社区和高密度、混合利用的城市发展模式。与城市经济学者不谋而合，规划学者同样认可消费机会、城市生活质量对生产力的促进作用，认为 LWP 一体的城市环境有利于提高居民（就业者）的创造力（简·雅各布斯，2018）。

商业零售业也同样意识到人们消费观念和消费行为的转变对于本领域的作用，认为当前社会文化中消费文化的演变直接推动了城市中休闲商业空间的涌现和演变。第二次世界大战之后，西方发达国家率先进入以消费为主导的社会，消费成为生活的中心，这促使了连锁店、购物中心、主题公园等消费空间的不断出现，城市建设和空间布局在很大程度上需要迎合这种新的需求。消费空间的塑造和消费机会的丰富则进一步鼓励了人们对多样性消费的需求。沙朗·佐京（2006）在《城市文化》一书中提出，城市文化中的消费文化越来越多地作用于城市空间和居民的城市生活，并成为城市的经济基础和组织空间的重要手段。

国内城市经济学界关于"消费城市"理论的阐述和深入探讨正逐步开始，相关的理念萌芽更多的是在宏观尺度上，提出中国经济增长的主要动力从投资拉动型向消费拉动型转变以及在社会、文化和商业零售领域，例如，柴彦威、张鸿雁（2010）综述了消费者行为理论，并通过问卷调查等方式描述了当前城市社会的消费行为特征；季松、段进（2012）归纳了社会消费文化的演进，并系统介绍了西方国家消费推动城市空间形态演变的现象和案例；谢媛媛、吕拉昌（2010）归纳了居民消费行为和消费习惯的变化在商业零售业领域引起的变革，其立足点主要在于帮助商家更好地理解社会消费文化和消费习惯。

1.3.1.2 微观层面消费机会的需求特征及对区位价值的影响

本地化消费机会的供需本质上遵从市场机制，只要需求存在，供给就会响应，当然会受到城市规划和政策的影响和制约。由于这些消费机会与城市中的具体区位绑定在一起，居民对其的需求会体现在居住选址行为和消费出行行为中。

1. 消费机会影响居住选址及区位价值的研究

城市中的消费机会影响人们的居住选址，这在传统的特征价格模型（Hedonic Model）中就已经得到了揭示。例如，布鲁克纳等（Brueckner et al.，1999）提出基于宜居性要素的城市空间结构理论（amenity-based theory），建立一般均衡模型解释宜居性要素内生情况下的城市空间结构演变。模型中，布鲁克纳等（1999）将以往文献中的宜居性要素进一步区分为外生的自然型宜居性要素（包括河流、山脉、海岸线等地貌特征）、历史型宜居性要素（包括建筑物、公园以及其他历史遗存下来的基础设施），以及内生的现代化宜居性要素（包括饭店、剧院、游泳池、网球场等现代化设施），并分别构建模型，成功地解释了欧洲城市中的居住分异现象。这些内生的现代化宜居性要素，许多就是本书所研究的"本地化消费机会"。

关于宜居性要素如何影响居住选址，有大量文献研究了教育资源（学校）、医疗资源（医院）、公共开敞空间（公园）、轨道交通站点等公共服务设施对居民居住选址的影响及其市场表现。最为常见和主流的研究是通过 Hedonic 模型定量测度上述宜居性要素在住房价格或租金中的资本化效应，从而反映居民对这些宜居性要素的支付意愿，包括对交通出行便利性，特别是临近地铁站的支付意愿（Bowes & Ihlanfeldt，2001；Rodriguez & Mojica，2009；孙伟增等，2015；谷一桢、郑思齐，2010），或者是对优质教育资源的支付意愿（Dubin & Goodman，1982；Bardbury et al.，1998；胡婉旸等，2014）。这些研究均表明，居民在居住选址中，对于不同区位的宜居性特征给予了充分考虑，并表现出强烈的支付意愿。

但对于私人部门供给的本地化消费机会，其在居住选址中的作用尚缺少充足的实证研究。格莱泽等（Glaese et al.，2001）、格莱泽和哥特利布（Glaeser & Gottlieb，2006）的研究通过较大空间尺度上的城市间人口流动现象揭示了消费机会影响居住选址的机制：具有高质量的话剧、音乐会、餐厅等消费机会的大城市中心区吸引了高技能劳动力的流入。而在微观层面，郑思齐和卡恩（Zheng Siqi & Kahn，2013）的研究发现，北京市奥运村建设之后，周边房价上涨，人口结构发生改变，以连锁餐厅为代表的本地化消费机会质量显著提升，且这种消费机会质量的提升进一步吸引高收入居民，产生"滚雪球"效应，放大了房价和消费机会质量提高的效果。李（Lee，2010）也发现，"靠近一家高档的法国餐厅"会显著提升居民的效用，且对富人的价值远超过对穷人的价值；类似的，阿尔威特和唐利（Alwitt & Donley，1997）、海斯（Hayes，2000）以及舒茨等（Schuetze et al.，2012）针对零售店、餐馆等消费机会布局的研究表明，具有某些相同特点的零售店或者餐馆倾向于集中出现在具有一定特征的社区，例如部分餐馆倾向于相对富裕的社区，另一些则相反，这是由社区内相似特征的居民具有相似的消费需求所导致的。这些研究均反映了本地化消费机会对居民居住选址的影响，而居民又通过群分效应放大了这一效果。

2. 消费机会影响消费出行行为的研究

在零售商业物业研究中，针对消费者购买行为模式的研究一直以来都是重要内容，在此基础上形成了经典的古典零售商业竞争理论和新古典主义零售商业理论。迪帕斯奎尔和惠顿（Dipasquale & Wheaton，1996）的研究是古典零售商业理论的代表作，该理论认为，消费者外出购物所要面临的成本包括购物成本和交通出行成本，消费者做出效用最大化的选择。在该理论的基础上进一步发展出零售业的市场规模理论，即必须有足够多的消费者在效用最大化的决策之下前往购物，一家零售企业才有可能进入市场，该理论将在下文消费机制供给机制的文献综述中加以阐述。新古典主义零售商业理论在古典零售商业竞争理论的基础上，进一步考虑消费者单次出行中的一站式购物行为：消费者会倾向于在单次购物旅行中购买多种商品，因而能够满足消费者这种联合购物需求的购物中心将更具吸引力。该理论也是本书下一节消费机会的供给机制中零售业集聚理论的重要基础。

以消费者行为特征和行为模式研究为基础，零售商业研究进一步发展出零售商业商圈理论，典型的有赖利（Reilly，1931）的零售引力定律、康弗斯（Converse，1949）的新零售引力定律和埃尔伍德（Ellwood，1954）的修正零售引力定律，以及霍夫（Huff，1964）的概率模型。而这些针对商圈的模型和定律，本质上是对消费者购物出行行为的总结和抽象。赖利（1931）的零售引力定律解释了居住在两个城市（或商圈）之间位置上的居民如何选择购物出行的目的地，认为一个城市（或商圈）所吸引的客流与该城市（或商圈）的人口规模成正比，与该城市（或商圈）到目标消费者群体之间的距离成反比：前者反映了城市（或商圈）所能容纳的零售商品数量和多样性，能够给消费者带来额外的收益；后者反映了消费者为获得该额外收益所要承担的交通成本。康弗斯（1949）在此基础上做出改进，估算了不同城市和商圈的边界，或者"断裂点"。埃尔伍德（1954）则修正了对交通成本的度量，用车程（分钟）代替英里数来衡量距离。霍夫（1964）进一步拓展了引力模型，用于解释多个商圈之间的相互作用，但其依然认为，消费者选择一个商圈前往购物的概率与该商圈的规模成正比，与前往该商圈的交通成本成反比。

在城市经济学领域，寇图尔（Couture，2013）和戴维斯（Davis，2006）等通过实证研究说明了消费者通过出行决策选择自己所偏好的消费机会的经济机制，为消费城市理论在微观层面的研究做出了重要贡献。寇图尔（2013）建立了度量消费出行选择的离散选择模型，权衡消费者是否愿意忍受更长的出行距离和时间来享受一个自己较为偏好的餐馆。他发现，人们为了享受多样化的消费品，愿意忍受更长时间的交通，且越是在城市中心，居民从消费多样性中获得的效用就越是会超过减少交通成本的效用。戴维斯（2006）等基于 Yelp 网站（纽约）上餐馆及评论信息中所能提取的消费者个人信息，结合谷歌地图提取的交通时间信息，研究了消费者的消费出行偏好，发现消费者倾向于选择距自己的就业地或居住地更近的餐馆消费，所光顾的地方具有与自己或自己的居住区相似的人口特征，且倾向于前往犯罪率较低的区域就餐，而女性在后两个方面表现更为敏感。

1.3.2　消费机会的供给机制

消费机会的供给会响应需求。本书所研究的"本地化消费机会"，其内涵包括产品、区位和社会互动三个层面的属性，其供给机制主要包含两个层面：一是"是否供给"以及"供给多少"；二是"在哪儿供给"，即非区位层面和区位层面。消费机会的空间集聚会产生外部性，这也是供给机制的重要组成部分。按照上述逻辑进行归纳，相关的研究可以分为零售业生产理论、零售业选址理论和零售业集聚理论。

1.3.2.1 零售业生产理论

这部分文献起源于企业生产理论和零售业市场规模（market size）理论。萨洛普（Salop，1979）的理论模型提出，为特定市场范围内的消费者提供产品的企业，当且仅当其面临的市场规模达到一定数量之后，才能进入该市场获得盈利的机会，这一市场规模的临界水平被称为"进入门槛"（entry threshold）。布雷斯纳汉和瑞斯（Bresnahan & Reiss，1991）、舒（Hsu，2012）等从理论模型和实证方面对上述"进入门槛"理论进行了验证和细化。

在此基础上，大量文献研究了一定空间范围内，市场规模的大小对市场中消费品供给数量、质量和多样性的影响，这些文献的理论大多起源于企业生产决策和集聚经济理论。例如，斯韦森（Syverson，2004）针对混凝土生产企业的研究发现，有很多生产者的大市场允许消费者有更多的购买选择，而较强的市场竞争提高了企业生产效率，增加了市场上产品的多样性。具体地，学者对于市场规模如何影响产品多样性，大致有以下两个研究方向。

一是针对产品质量上的多样性，即产品垂直差异的研究。坎贝尔和霍芬翰（Campbell & Hopenhayn，2005）研究市场规模、平均收益和平均就业之间的关系，同样发现越大的市场，竞争越激烈，以餐饮类服务为例，市场规模越大，餐馆的平均规模也就越大，且餐馆在质量和规模上的差异性（垂直差异）也越大。贝里和沃德弗格（Berry & Waldfogel，2010）研究了市场规模对产品质量差异的影响，他将企业产品质量的来源分为两类：通过固定成本获得和通过可变成本获得。对于那些通过固定成本产生质量的企业，大市场可以摊薄其固定成本，因而，高质量的企业相对低质量企业具有优势，市场上只有有限几家高质量的企业；但对于通过可变成本产生质量的行业，高质量企业相比低质量企业并无优势，因而，市场上会有各种质量水平的产品并存。作者发现，高质量的餐馆更容易存在于大城市。

二是针对产品内容和类型方面的多样性，即产品水平差异的研究。例如，希夫（Schiff, 2015）重点关注市场规模对餐馆种类（水平差异）而非质量的影响，发现罕见口味的餐馆更容易存在于大城市。但除此之外，质量上的差异与产品内容上的差异并无可比之处。与之类似的，伍德弗格（Waldfogel, 2008）根据问卷调查以及连锁餐馆数据，证明连锁餐馆的多样性取决于市场范围内的人口特征。马佐拉里和诺伊马克（Mazzolari & Neumark, 2012）研究加州地区餐馆的位置和类型，与人口普查数据结合，证明移民带来了更多样的民族性餐馆。

1.3.2.2 零售业选址理论

零售业选址的理论起源于中心地理论（central place theory），其核心概念是指，在一定的空间范围内，存在等级从高到低的中心地，这些中心地向其辐射范围内的居民提供商品和服务，且越是高等级的中心地，辐射范围越广，提供的商品和服务等级也越高。在此基础上形成了一系列的零售业选址理论。

奎恩（Quinn, 1943）提出了中心区位模型，认为最适宜的零售业区位应为特定空间范围的中心点，或者是交通网络中的核心节点，以便于消费者前往，这就形成了中央商务区（central business district, CBD）。在 CBD 的内部，霍尔伍德和博伊斯（Horwood & Boyce, 1959）进一步提出了中心—边缘模型，认为中心分布有最高等级的商业活动、金融机构、行政机关等，边缘则主要有轻工业、仓储、居住等职能。

梅尔（Mayer, 1942）将商业活动形态分为中心商业区、外围商业区、主要商业街和孤立商店，在此基础上，贝里（Berry, 1963）研究了不同类型商业形态的选址理论，首次将商业空间选址理论进行层次化的分析，形成了商业地域结构模型。贝里（1963）认为，中心商业区应位于城市核心，而在外围则逐层分布着沿道路的外围商业区或商业街；此外，部分类型的商店出于集聚需求在一定区位上形成专业化的商业空间。戴维斯（Davies，1977）的研究则进一步发现，随着私家车的广泛适用，商业区越来越呈现带状特征，且传统的商业等级（或层次）正在逐渐减少。在国内，宁越敏（1984）、杨吾扬（1994）等也对商业规模、等级分布和空间结构进行了实证研究。

也有学者从地租理论的角度探讨零售业选址。例如，格蒂斯（Getis，1961）认为，零售商通常根据盈利能力和对区位的支付意愿进行分布，如奢侈品店更趋于市中心，而家具和仓储则分布在郊区。加纳（Garner，1966）则将商业地域结构模型与地价相结合，认为零售区位的层次等级越高，就具有越高的支付能力，也就越倾向于地价较高的城市中心。因此，从城市的中心到边缘，随着地价的逐渐降低，依次分布有综合商场、地区级购物中心、社区购物中心和邻里便利商店。国内的阎小培等（2000）、林耿和阎小培（2003）也在地租理论的基础上对中国城市中的商业区空间特征进行了实证研究。

此外，以克拉克和拉什顿（Clark & Rushton，1970）为首的研究从消费者行为出发探讨零售业的选址决策，认为商业空间结构与消费者和经营者的空间行为相互影响。高雷奇和劳伦斯（Golledge & Lawrence，1967）基于消费者的商品信息搜索行为及零售商对此的反馈模拟了零售店的选址决策过程。汉纳和道斯（Haner & Dows，1970）则首次提出商业活动中具有客观的物质存在和主观的意念存在，着重从潜在客户的人口结构、对商业活动的偏好等方面进行选址决策的评估。进一步，波特（Potter，1982）提出了"信息场"和"利用场"的概念来说明消费者认知和行为对零售业区位选址的影响，并强调消费者的收入、社会地位、年龄等个体属性在其中的重要影响作用。

1.3.2.3　零售业集聚理论

随着城市经济学中集聚经济理论的兴起与深入，零售业集聚的现象也逐渐受到了关注，并成为零售店选址中不可忽视的影响因素。早在1956年，美国的代顿（Dayton）和唐纳森（Donaldson）两家百货商店为了降低建造成本而选择共同开发建设一家"购物中心"，这成为美国历史上第一家购物中心（郑思齐、刘洪玉，2003）。在经营中零售商逐渐发现，相互集聚共同经营除了能够分摊建造成本之外，还可以相互促进，各自的销售额都能得以提升。针对零售业集聚形态和收益的研究从而也逐渐兴起，并成为地理学科、零售和市场营销领域的研究重点。时至今日，零售业集聚大致可以分为三种形态：市中心零售集群、购物街和购物中心（Teller & Peter，2012）。学者普遍认为，零售商集聚一方面增加了相互竞争的压力；另一方面也共同协作、相互促进，产生了不可忽视的正外部性（Brandenburger & Barry，1996）。零售业集聚的正外部性可以分别从生产角度和消费角度来研究。

从生产的角度，零售业集聚主要有共享市场规模和品牌效应、分摊设施成本及统一经营管理三种经济机制。零售商是否选择集聚的形态，通常与空间区位因素紧密相关。那些位于城市中心、道路密集、公共交通便捷的区位，往往更易促使零售商相互集聚，这是因为这些区位有着更高的消费者可达性和供应商可达性，为零售商提供了进入门槛所要求的最小市场规模。这种区位性的市场规模一直以来是研究者最为关注的内容，也被认为是购物中心等零售业集聚形态能够取得成功的关键因素。零售商相互集聚还可以共同提供商场内的各种设施并分摊成本，例如提供停车位、领车路线指示标识等交通设施的成本。

此外，统一的经营管理也产生了能够惠及各个零售商的正外部性。具体而言，购物中心内的零售商统一管理，形成了一个"近似组织"，遵循统一的经营策略来提高对客户的吸引力，使得购物中心整体盈利提高，从而其中的各个零售商租户也能获益。例如，购物中心内可以统一规划整齐有序的门面，合理组织安排内部不同经营内容零售商之间的空间动线，统一进行购物中心的品牌管理和营销，以及通过主力店的引入提高对消费者的吸引力，从而对其他租户产生溢出效应。怀亚特（Whyatt，2004）和泰勒（Teller，2008）的研究认为，购物中心内由专业人员统一管理，提高了管理、营销等工作的效率，是其取得成功的关键因素。一般而言，购物中心内主力店租户支付的租金往往低于其他租户，这正是其他租户对这种统一管理以及主力店带来的正外部性的支付意愿（Mejia & Mark，2003）。此外，近年来，购物中心在零售集聚形态中所占的份额逐渐增加，另外两类——购物街和城市中心零售集群却在不断减少，正是因为后两者的商户之间缺少合作和统一管理（Warnaby，2002；2005）。

从消费的角度，零售商之间的协作和集聚为消费者带来了比较购物和一站式购物的收益，并进一步促进了消费过程中的社会互动（Arentze，2005）。首先，同类零售商店的集聚可以为消费者提供"比较购物"的机会，消费者可以在众多商店间充分比选，找到最适合自己的商品，从而降低了消费者的搜寻成本，也降低了其在搜索过程中的不确定性。其次，由零售商的生产理论可知，市场规模的扩大有利于增加多样性，包括餐饮、娱乐等设施和商店的多样化，而这正是购物中心等零售业集聚形态对消费者产生的额外吸引力。泰勒等（Teller et al.，2008）的研究认为，购物中心内的多样性使消费者可以在单次出行中实现多样化的购物需求（"一站式购物"），并在购物之余提供非商业的活动，例如娱乐休闲、社会互动等。泰勒和托马斯（Teller & Thomas，2008）、泰勒和乔纳森（Teller & Jonathan，2010）通过实证研究表明，零售商经营商品和服务类型的多样性是购物中心能够吸引消费者的重要因素，莱默斯和克鲁罗（Reimers & Clulow，1994；

2004）则认为，购物之外的社会互动机会的多样性对于吸引消费者极其关键。

上述这些集聚的正外部性都难以准确度量，研究者更关注的是促使零售商集聚的因素、购物中心内零售商的满意度、行为动机以及消费者的行为分析。零售商自己则通过销售额、利润等营业指标来度量集聚效应，作出是否集聚的选择。而中国学术界的相关研究则更为缺乏，囿于数据可得性的限制，大多数研究是从宏观或产业层面展开，尚未涉及微观零售店或消费者的样本（唐红涛、李泽华，2013）。

1.3.3　土地利用与交通体系对消费活力的影响研究

1.3.3.1　土地利用和交通体系中影响消费活力的主要因素和指标

1. 全局尺度

由零售业市场规模理论可知，市场规模是影响零售业供给密度和多样性的核心要素。市场规模则取决于人口密度，以及在城市空间中的移动速度。因而，在城市全局尺度上，可达性成为影响消费活力的关键因素。汉森（Hansen，1959）首次提出了"可达性"的概念，定义为交通网络中各节点相互作用的机会大小。可达性是反映交通成本的基本指标。布雷赫尼（Breheny，1978）将可达性分解为三部分：一次出行最终获得的好处、为获得这个好处付出的成本、获得该好处的个体。据此，对于城市空间中的消费活动，可达性的含义可以直观地理解为，有多少消费者可以以多快的速度接近消费场所。英格拉姆（Ingram，1971）将可达性分为相对可达性和总体可达性，前者为两点之间的可达性，后者为从一点出发通往城市各处的可达性。本书探讨的市场潜力，本质上对应上述总体可达性概念，即一个特定区位（零售店所在的区位）与其他各个区位（消费者所在的区位）之间的可达性。

随着对可达性研究的深入，汉迪（Handy，1993）进一步区分了局部可达性和全局可达性。前者指通往日常生活半径范围之内的便利店、超市等设施的可达性，本书将其归于局部尺度的土地和交通指标，将在下文着重介绍；后者则是指整个城市空间范围内的可达性，它影响了特定区位的零售商店所能吸引的全部消费者规模，即市场潜力。在全局尺度方面，影响可达性水平的因素主要是沿线人口（就业）密度、机动车和公共交通环境，交通环境影响了居民在城市空间中的移动速度和交通成本，这一含义在不同的可达性计算模型中均为核心内容，且通常在实证研究中会根据案例城市的实际情况进行调整。例如，孙聪（2015）针对北京市的研究对通过道路网络和轨道交通网络获得的全局可达性分别提出了计算方法，并充分考虑了拥堵对可达性的影响。

在度量全局尺度的可达性时，有两种思路：一是仅考虑从起点到终点的便捷程度（空间距离、所花费的时间或货币成本等）；二是综合考虑起点与终点间的通行便捷程度和所能获取的经济资源。在区域和城市经济学的实证研究中，往往涉及各类服务设施的可达性测算，上述第二种思路要更为普遍。而在综合考虑了通行成本和所能获取的经济资源之后，潜能模型是区域和城市经济学中最为广泛使用的可达性度量方法，实际上也就对应本书中的市场潜力概念。

潜能模型来源于物理学中的引力模型，汉森（1959）提出可以将其引入作为可达性的度量方法，汉森（1959）、塔伦和安瑟琳（Talen & Anselim，1998）、金佩尔和舒克内希特（Gimpel & Schuknecht，2003）等学者利用对城市内部居民通过道路网络接近商业服务或公共服务设施的可达性进行了测算。约瑟夫和彼得（Joseph & Peter，1982）、格利亚多（Guagliardo，2004）、王和罗（Wang & Luo，2005）等学者在实证研究中不断改进并优化这一模型，最终在最广泛使用的模型形式中，可达性与起点终点间的通行成本成反比，而与起点或终点的经济资源（人口、服务设施的数量或质量等）成正比。在国内，城市经济学者利用潜能模型评估了医疗、体育、养老等多种公共服务设施的可达性（宋正娜、陈雯，2009；吴文龙等，2014；丁秋贤等，2016）。

在商业与消费活动的相关研究中，薛领和杨开忠（2005）利用潜能模型对北京市海淀区各个街道的商业需求进行了预测。在更为宏观的尺度上，席强敏等（2016）利用潜能模型针对全国 285 个地级市研究了市场潜能对生产性服务业的影响效应。

2. 局部尺度

局部可达性（local accessibility）影响了居民在较小空间尺度内通往生活便利设施的便捷程度。这一概念与城市规划中的诸多理念不谋而合，如精明增长、新都市主义、TOD 发展模式、绿色城市发展、步行城市设计等。这些理念在城市局部尺度（街区）强调集约的土地利用形式、高密度、混合利用的城市规划，并强调这将有利于形成"具有活力的"城市和社区。从规划理论来看，"活力社区"的定义即为高密度、紧凑、混合利用、利于步行且相互之间有着密切联系的社区，其核心即为街区内的连通性。连通性的主要影响因素包括土地混合利用程度、街区内街道的易于步行程度，以及街区内部道路与外部交通网络之间的连结性等。

博尔和迪恩（Bohl & Dean，2002）、宋（Song，2005）等的研究表明，土地混合利用是形成有活力的居住区的重要因素，即为居住用地配置一定比例的商业用地和办公用地，从而有利于发展居住以外的其他功能，如为商场、餐馆等的发展预留一定的空间。对于有活力的就业中心，规划学者提出，土地利用强度、土地混合利用程度、是否利于步行、是否有充足的停车位和公共开场空间是最为重要的因素。

近年来，街道的易于步行性受到众多学者和城市规划者的关注。利特曼（Litman，2003）的研究发现，居民出行中的 10%～20% 全程都是步行，步行是基本的、最具可支付性的出行方式。赫纳等（Hoehner et al.，2005）的研究发现，与家庭活动最相关的步行出行是最重要的。李和穆东（Lee & Moudon，2006）发现，日常活动，如去杂货店、餐馆、银行等的步行距离，尤为重要。斯塔宾斯基（Sztabinski，2009）发现，在多伦多，90%的消费者通过步行、自行车或者公共交通去商场；即便在高峰时段，路边停车位使用率也不超过80%；步行或骑自行车购物的消费者光顾更加频繁。

大量实证研究发现，易于步行的街区设计有利于降低拥堵和污染，促进城市空间中的消费活动，并带来区位价值的增加。皮沃和杰弗里（Pivo & Jeffrey，2011）的统计发现，大多数的消费行为都与步行相关，包括社交、等待、就餐、购物等，购物场所需要通过步行友好的环境来吸引消费者。他们研究了办公、住宅、零售和工业物业价值与步行友好性的关系。由于步行友好性可以降低通往餐馆、娱乐设施、银行、便利店等地的交通成本，对于办公、零售和住宅物业价值均有提升作用。涂和艾普利（Tu & Eppli，1999）发现，步行友好性对独栋住宅有12%的溢价，宋和格里特（Song & Gerrit，2003）的实证研究则发现了15.5%的溢价。迈尔斯和伊丽莎白（Myers & Elizabeth，2001）发现，随着人口老龄化，对步行友好性的需求逐渐增强。席勒（Shiller，2007）提出，对环境污染和能源消耗问题的日益关注可能会产生步行导向、步行友好性的城市中心。

街区内部交通与外部交通之间的连结性也十分重要。事实上，易于步行性本身也是连结性的一种体现，此外，充足的停车位供给、合理的自行车道配置等，都是提高与外部交通之间连结性的重要手段，有利于人们从交通系统出发前往最终消费场所。纽约交管部门的统计数据发现，设置更多的步行道路、自行车道和公用停车位之后，街区内的客流人次和销售税显著上升，商业空置率则显著下降（Litman，2003）。罗威（Rowe，2013）基于西雅图零售业销售数据发现，设置自行车道使销售量增加了近400%。

1.3.3.2 交通基础设施提升消费活力和区位价值的实证研究

希夫（Schiff，2015）的研究表明，消费者在空间上的临近增加了餐馆的市场范围，从而有利于提高消费机会供给的数量和多样性。在城市中，交通基础设施建设是提高可达性、降低消费者与商铺之间"距离"的有效方式，尤其是在中国，以地铁为代表的交通基础设施建设如火如荼，是城市政府促进城市发展和影响城市空间形态的重要手段。在城市经济学领域，有不少文献实证研究了交通基础设施建设对消费活力的影响。

开通地铁后，到城市其他区位的交通成本降低，能够吸引来更多的客流；同时当地居民人数增加，有利于提高本地商业的市场潜力。这些都是商铺选址理论中的核心要素，这导致本地零售商业数量和多样性的增加。鲍斯和基思（Bowes & Keith，2001）的研究则表明，房价溢价并不只反映地铁带来的可达性变化，还表征社区的商业环境、犯罪率等生活质量变化。然而这一研究结论尚未有其他学术研究可与之验证，相反的，博林格和基思（Bollinger & Keith，2001）的研究反而发现，在控制了土地利用形式和社会经济环境之后，亚特兰大的地铁建设对站点周边的商业就业和总就业均无显著作用。类似地，舒茨（Schuetz，2015）研究了加州地铁轨道建设对站点周边商业活动和零售业就业的影响，同样发现并无显著的正向关系。博林格和基思（2001）对此做出的解释是，在加州，地铁对城市交通的作用相对较小。

由于社会互动和群分效应，基础设施投资在提高社区消费机会数量和质量方面存在乘数效应，从而扩大了基础设施投资的影响作用。郑思齐和马修（Zheng Siqi & Matthew，2013）以北京市奥运会之前的城中村拆除为例，研究了区位固定投资带动城市更新过程中本地化消费品的产生和不同收入组的居住群分现象。研究发现，富人更倾向于迁入这些将要或者正在发生城市更新的区域，他们的迁入进一步推动了城市更新的进程。这一过程中的具体表现有：第一，新建公共服务设施（以奥林匹克公园和新建地铁站为例）周边的住房升值，开发商在周边修建更多的住房；第二，为了迎合迁入的居民的需求，这些设施周边新增大量餐馆；第三，迁入这些区域的居民在收入和受教育水平上大幅提升。类似地，戴布利宰恩等（Debrezion et al.，2007）的研究也发现，公共服务设施投资之后，社区发生的一系列演变包括房租上涨、生活质量提高等现象中均存在由群分效应带来的乘数效应。

1.3.4　文献综述小结

目前的文献在消费机会的供需机制及空间分布方面，具有以下几个特点。

（1）在需求机制方面，着重通过城市间的比较和实证研究论述了消费活力对居住选址、人口流动和城市内生增长的重要意义。作为一般意义上的宜居性要素（特别是地方公共服务），其在房价中的资本化效应已有大量研究；但对私人部门提供的本地化消费机会这类内生宜居性要素，如何影响城市空间布局和区位价值的经济机制，尚未得到清晰的揭示。

（2）在供给机制方面，针对零售业的大量研究都强调了市场规模作为零售业进入市场的"门槛"条件的重要意义，并明确指出其中包含人口分布密度和消费者与消费机会之间的距离（空间距离和时间距离）两个层面的含义。关于零售业的相关研究也强调了零售店集聚对商家和消费者的外部性，但是在度量方面还存在困难。

（3）对于消费机会的空间分布，城市经济学家大多以城市为观察对象，研究人口密度和结构（即零售业中所指的市场规模）对不同城市零售业繁荣程度的影响，缺乏对城市内空间分布的深入研究。少数城市经济学家通过对消费者个体行为机制的研究，揭示了交通成本的重要作用，但缺乏对发展中国家的研究。

（4）城市规划学者则从城市总体到细部设计的各个方面提出了影响消费机会供给的因素，但是尚缺少对这些影响因素的分类归纳和更细致的定量测算。

1.4 研究方法、数据来源与技术路线

1.4.1 研究方法

本书以理论研究为出发点，着重于实证研究。

（1）理论模型分析方法。构建简化的城市空间理论模型，以人口密度和交通成本为核心变量，通过模型推导上述两个核心因素影响市场规模及对零售店进入市场的影响效应。

（2）空间统计分析方法。构建城市空间数据库，对人口分布、本地化消费机会、道路和轨道交通线段及节点等不同要素空间分布的基本特征进行定量描述和统计。在此基础上，本书采用地理学和交通研究领域中的网络分析方法计算基于道路和地铁网络可达性的市场规模相关指标。

（3）计量经济学模型方法。在分析全局及局部可达性如何影响消费活力方面，本书采取普通最小二乘法（ordinary least square，OLS）回归，并结合工具变量、外生冲击等方法缓解可能的内生性问题，识别因果关系；在分析消费活力及其蕴含的外部性如何影响区位价值方面，本书采取经典的特征价格模型（hedonic model），并通过设置和引入区位固定效应，应对潜在的遗漏变量问题。

1.4.2　数据来源

本书以北京市为案例城市，所涉及的各类数据来源如表 1 - 1 所示，数据详情将在第 3 章中详细介绍。

表 1 - 1　　　　　　　　　　　实证数据来源

类型	数据描述	数据来源	所属年份
零售店数据	北京市各类零售店收录	大众点评网	2014
交通数据	道路网络常态运行状况	高德地图*	2014
	城市道路网络基础图层	中国城市规划设计研究院	2014
	地铁网络站点分布及站点间通行时间	北京地铁网站	2001 ~ 2014
	停车场数据	无忧停车网	2016
住房和土地数据	存量商品住房租赁交易数据	北京市"我爱我家"房地产经纪公司	2005 ~ 2012
	商业用地出让数据	北京市国土资源局网站	2002 ~ 2011
支持数据	城市空间基础数据库	清华大学恒隆房地产研究中心	—
	第五次人口普查街道人口数据	国家统计局	2000
	第一次经济普查街道就业数据	国家统计局	2004

注：*该数据为课题组孙聪所收集，在此致谢。

1.4.3　技术路线

本书按照以下技术路线展开（见图 1 - 2）。

城市空间中的消费活力与区位价值

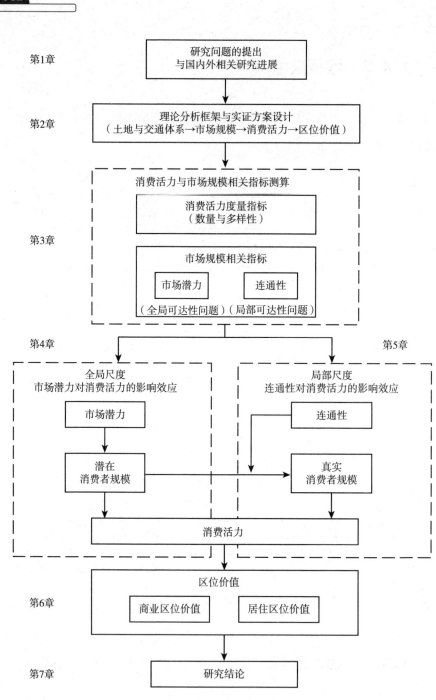

图 1-2　本书技术路线

1.5 主要内容与结构安排

本书共分为 7 章。

第 1 章为绪论。本章主要介绍研究背景、目的与意义，界定研究对象与研究范围。对国内外相关研究现状与进展进行综述，并提出研究方法、技术路线、主要内容与结构安排。

第 2 章为理论分析与实证方案设计。本章从零售业市场规模和市场门槛理论出发，分析消费活力的影响因素和经济机制；探讨在全局尺度和局部尺度上，土地利用与交通体系对市场规模的影响机制与分析方法；揭示消费活力影响商业和居住区位价值的经济机制。最后在理论分析框架的基础上设计后续各章节的实证方案。

第 3 章为消费活力与交通可达性的度量方法。本章从数量和多样性两个维度度量城市内各区位的消费活力；结合道路拥挤性特征和地铁网络的动态变化特征，利用公开电子地图采集的交通数据构造市场潜力指标（全局可达性范畴）；并在城市细部构造连通性指标（局部可达性范畴）。

第 4 章为市场潜力对消费活力的影响效应研究。本章探讨通过道路交通和轨道交通获得的市场规模（全局可达性范畴）对零售业活力的影响机制和效应，分析不同零售业态对市场潜力的敏感度差异，并实证分析轨道交通建设对站点周边零售业活力的带动作用。

第 5 章为连通性对消费活力的影响效应研究。本章主要研究在给定全局可达性的基础上，城市细部街区内的连通性设计如何将可达的"潜在消费者"转化为"周边消费者"，从而影响消费活力。本书所研究的连通性主要是路网的连通性（路网密度）以及道路与目的地之间的连通性（停车便捷性）。

第 6 章为消费活力对区位价值的影响效应研究。本章利用特征价格模型实证研究消费活力对商业区位价值和居住区位价值的影响效应；利用工具变量、事件冲击等方法缓解内生性问题、识别因果机制。

第 7 章为研究结论。本章总结主要研究结论与学术贡献，并根据实证研究的基本结论，为私营部门城市规划及管理部门提出针对性的建议。最后，客观评价本书当前研究的局限性，梳理后续相关研究的方向和潜在创新定位。

第 2 章

理论分析与实证方案设计

2.1 市场规模影响消费活力的
经济机制分析

2.1.1 市场规模与零售店数量的关联关系

本章首先探讨单个零售店进入一个城市（或者市场）时对市场规模的要求，然后逐步拓展至产品同质的多个零售店，以及不同产品的零售店。我们从较为简单（但不失一般性）的情景出发，采用萨洛普（Salop，1979）的圆周城市模型，假定该圆周城市的周长为 L，人口密度为 D，总人口为 N（$N = D \times L$），均匀分布在该圆周上。每一个消费者选择消费某个零售店出售的产品，或者消费自己留存的消费品（存货）。消费者通过消费零售商品得到的效用为 u_1，通过消费存货得到的效用为 u_0，其中，u_0 可以简化为 0 而不失其普遍意义。消费者在上述圆周上单位距离的交通成本为 τ。事实上，希夫（Schiff，2015）用同样的模型探讨了人口总量和城市规模对于零售店进入一个城市的影响，本书则在借鉴该研究的基础上，进一步将交通成本作为该模型的关键变量之一，明确其对于零售店进入市场的"门槛条件"的影响机制。

位置 l 上的消费者，前往位置 l_i 上的零售店购物，产品价格为 p，当且仅当该产品的效用超过消费者存货为其带来的效用时，才可能会发生。消费者获得的效用为：

$$u = \max\{u_1 - \tau |l_i - l| - p, 0\} \tag{2.1}$$

可以推断的是，仅在价格和交通成本足够小时，消费者才会选择去 l_i 位置上的零售店消费。在消费者和零售商之间，存在一个临界距离 $d(|l_i - l|)$，使得消费者购买零售品和消费存货的效用相等：

$$d = \frac{u_1 - p}{\tau} \tag{2.2}$$

可见，消费者与零售商之间的临界距离与该零售店为消费者带来的效用正相关，与城市中单位距离的交通成本负相关，这一点将在后文按照集聚强度区分不同类型的零售店时有所涉及。对于这个零售店而言，其市场覆盖范围 g 即为两侧临界距离以内的所有消费者，$g = 2d$。代入式（2.2）可得：

$$p = u_1 - \frac{\tau g}{2} \tag{2.3}$$

该零售店面临的总需求为上述市场覆盖范围乘以人口密度，模型中城市各处的人口密度相同。假设零售店的固定成本为 F，产品的边际成本为 c，则零售店的利润水平表达为：

$$\Pi = \left(u_1 - \frac{\tau g}{2} - c\right)Dg - F \tag{2.4}$$

最大化利润，由一阶条件可得该零售店的最优市场覆盖范围：

$$g^* = \frac{u_1 - c}{\tau} \tag{2.5}$$

希夫（2015）关注城市之间地理空间大小的差异对于零售店进入市场门槛的影响作用，因而对式（2.5）求解的最优市场覆盖范围进行了详细的讨论，比较城市圆周周长 L 与上述最优的市场覆盖范围 g^* 之间的大小关系并分类讨论。而本书由于更多地关注城市空间内部，因此，在不失普遍意义的情况下，假定 $L \gg g^*$，即城市的空间范围要远大于单个零售店的市场范围。由此该零售商选择向最优市场覆盖范围内的居民出售商品。该垄断零售商选择进入市场的最小条件为 $\Pi = 0$，由此可解得进入市场的最小人口密度为：

$$D_{\min} = \frac{F}{g\left(u_1 - \frac{\tau g}{2} - c\right)} \tag{2.6}$$

用式（2.6）求解的最小人口密度，乘以土地面积，即为零售业企业进入市场的最小市场规模，也即进入门槛。将模型设定推至极端情况下，即 $L = 0$，可以求解出零售商进入一个"点城市"所要求的门槛，即该"点城市"最小应有的人口规模为：

$$N^* = \frac{F}{u_1 - c} \tag{2.7}$$

将式（2.7）以及零售店的最优市场覆盖范围选择，即式（2.5）代入式（2.6），可解得零售店进入市场所要求的最小人口密度：

$$D_{\min} = \frac{2N^* \tau}{u_1 - c} \tag{2.8}$$

式（2.8）中，u_1 为产品给消费者带来的效用，c 为零售商出售产品的可变成本，均为常数。N^* 为极端情况"点城市"下的最小人口规模，对于特定的产品和消费者效用（即当 F，u_1 和 c 固定时）而言也是常数。此时，零售店进入市场所要求的最小人口密度与该城市中的交通成本 τ 正相关，交通成本越高，零售店进入市场要求的最小人口密度就越大。

最后，根据式（2.3）和式（2.5）可以解得此时该零售店的定价：

$$p = \frac{u_1 + c}{2} \tag{2.9}$$

以上简化的模型揭示了零售店在选择是否进入市场时所要求的最小市场规模（或者最小人口密度），并发现这一"门槛"与城市中的交通成本有关，交通成本越高，零售店进入市场的"门槛"也越高。模型的结论可以推导出初步的结论：城市中的人口密度越高，或者交通成本越低，就越有利于零售店进入市场。那么，这是否暗示城市的人口密度越高、交通成本越低，零售店的数目就越多呢？

进一步将单个零售店模型加以拓展，假设圆周城市 L 中均匀分布有 n 个不同的零售店，而产品同质。零售店之间相隔距离为 L/n，则对于任意一家零售店，其单边的市场覆盖范围最多为 $L/2n$。比较这一空间范围与推导的零售店最优市场覆盖范围。

（1）若 $\frac{L}{2n} \geqslant \frac{g^*}{2} = \frac{u_1 - c}{2\tau}$，即 $n \leqslant \frac{\tau L}{u_1 - c}$，则每家零售店仍然选择上文推导的最优市场覆盖范围 g^*，并依此定价，如式（2.9）所示。对于每一家零售店，能够进入该市场的门槛条件与前文相同，如式（2.8）所示。因此，在给定的交通成本下，只要人口规模达到特定水平，n 个零售店都可以进入市场。

（2）若 $\frac{L}{2n} < \frac{g^*}{2} = \frac{u_1 - c}{2\tau}$，即 $n > \frac{\tau L}{u_1 - c}$，则每家零售店的实际单边市场覆盖范围即为 $L/2n$，此时，零售店无法根据式（2.9）定价，否则将导致原本市场覆盖范围之内的消费者向相邻的另一家零售店流失。此时，每家零售店的价格决策为：

$$p = u_1 - \frac{\tau L}{2n} \tag{2.10}$$

将其代入零售店的利润函数，求解零售店进入市场的"门槛"，如式（2.11）所示。

$$D_{\min}(n) = \frac{2N^*(u_1 - c)n^2}{2(u_1 - c)Ln - \tau n^2} \tag{2.11}$$

由于无法求得线性解，故用数值模拟的方法模拟零售店的数量与城市人口密度和交通成本之间的相关关系，如图 2 - 1 所示，其中，横坐标为人口密度，纵坐标为零售店的数量，交通成本 $\tau_1 < \tau_2 < \tau_3$。由图 2 - 1 可知，在一定的交通成本条件下，人口密度越高，城市中所能容纳的零售店数量就越多；而在一定的人口密度条件下，交通成本越低，城市中所能容纳的零售店数量越多。

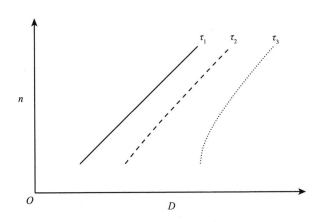

图 2 - 1　$n > \tau L / (u_1 - c)$ 时零售店数量与人口密度和交通成本之间的关系

综上所述，零售店进入市场时对周边的人口密度存在"门槛"条件，且该门槛与城市中的交通成本相关，交通成本越高，所要求的人口密度也就越高。根据上述模型可以推断，城市中的人口密度越高，交通成本越低，就越有利于零售店进入，城市中零售店的数量也就越多。

2.1.2　市场规模与零售产品多样性的关联关系

2.1.1 节的模型探讨了零售企业进入市场所要求的最小市场规模，即进入门槛，由此探讨了人口密度和交通成本如何影响零售店的数量。在此基础上，接下来将探讨人口密度和交通成本将如何影响市场上零售商品的种类。沿用希夫（2015）的设定，本书研究零售商品在"水平"方向上的差异，即产品类型等差异，而不涉及"垂直"差异（即产品质量上的差异）。为了简化分析，本书采取一个较强的假定，即不同产品类型的企业之间并不存在竞争。

假定城市中共有 V 类零售商品，偏好商品 v 的消费者比例为 δv，则有 $\sum_{i=1}^{V} \delta_i = 1$。既然人口在圆周城市上均匀分布，进一步假定任取该圆周上的一段，区间内偏好产品 v 的消费者比例也为 δv。则对于销售产品 v 的零售商，进入市场所要求的最小人口密度为：

$$D_{\min}(v) = \frac{1}{\delta_v} \times \frac{2N^* \tau}{u_1 - c} \tag{2.12}$$

式（2.12）意味着，偏好商品 v 的消费者比例越低，城市中的交通成本越高，则供给商品 v 的零售店进入市场所要求的门槛条件就越高。由此推断，人口密度越大，交通成本越小，就越有利于"小众"商品的零售店进入市场，市场中商品种类也就越丰富。为了直观地检验产品多样性与人口密度和交通成本之间的关系，进一步假定消费者偏好不同产品类型的层级结构遵从齐普夫法则（Zipf law），借鉴希夫（2015）的模型设定，假设共有 V 类零售商品，将各类商品按照偏好的消费者比例从高到低依次排列，偏好第 v 类商品的消费者比例为：

$$\delta_v = \frac{1/v^s}{\sum_{v=1}^{V} (1/v^s)} = \frac{1}{v^s H_{V,s}} \tag{2.13}$$

其中，$s > 1, H_{V,s} = \sum_{v=1}^{V} (1/v^s)$。

第 V 类商品即该市场中最小众的商品，V 越大，意味着市场中的商品种类越多，且满足第 V 类商品进入市场的门槛条件时，市场同时也能满足第 1 至第 $V-1$ 类商品进入的条件。将式（2.13）代入式（2.12），当市场满足第 V 类产品进入市场的人口密度条件 $D_{\min}(V)$ 时，反解 V：

$$V = \left(\frac{D_{\min}(V)(u_1 - c)}{2H_{V,s} N^* \tau} \right)^{1/s} \tag{2.14}$$

其中，s 和 $H_{V,s}$ 为商品偏好者比例分布的参数，u_1，c，N^* 根据前文均为常数。由此可知，人口密度越大，交通成本越小，市场中的产品种类越多。

在零售业的市场规模理论的基础上，将市场规模细化，认为其受到人口密度和交通成本的同时影响。由理论模型推导可知，城市中的人口密度越高，交通成本越低，就越有利于零售店的进入，尤其是给"小众"零售店提供了机会，从而城市中零售店的数量越多，多样性水平也越高。据此，本书的实证章节将细化讨论同时受到人口密度和交通成本影响的市场规模，如何影响城市中零售店的数量和多样性。

2.2 交通可达性影响市场规模的经济机制分析

人口密度和交通成本共同影响了市场规模，从而影响零售店的数量和多样性。本节将进一步细化交通成本的决定机制。本书所分析的交通成本，包含全局和局部两个尺度上的含义。在全局尺度，是指城市中的居民通过交通网络（道路、地铁等）在城市空间中的移动速度，也即"全局可达性"（global accessibility），形成了各区位零售店的"潜在消费者"规模，将其称为"市场潜力"。在局部尺度，"潜在消费者"能在多大程度上进一步靠近具体的零售店，转化为"周边消费者"，取决于零售店在周边街区中的可达性，即"局部可达性"（local accessibility）。局部可达性在很大程度上受到零售店周边街区城市设计要素的影响，例如街区的路网密度、步行友好性、停车位的多少等。

2.2.1 全局可达性形成潜在市场规模

全局可达性是指城市中的居民通过交通体系通往城市各个不同空间

区位的便捷程度或者说"移动速度"。全局可达性决定了不同区位上的零售店从城市各个方向、各个区块中获取潜在消费者的能力，决定了零售店的市场潜力。本书的实证采用最通用的潜能模型度量各个区位的市场潜力。潜能模型是城市和区域经济学中广泛适用的度量空间要素相互作用大小的模型，其基本原理来自引力模型，认为空间要素的相互作用大小与空间距离负相关。本书利用潜能模型计算市场潜力的基本思路如图 2-2 所示。

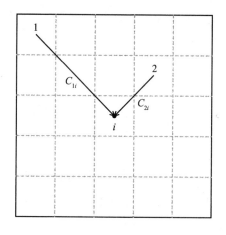

图 2-2　区块 i 的市场规模测算方法

按照一定的空间分析精度将城市空间划分为若干区块。以图 2-2 中的区块 i 为例，其中，零售店的潜在消费者可能来自任何一个区块，而不仅限于周边。但是，不同区块消费者到区位 i 中零售店消费的概率随着两者之间交通成本的增加而降低，如区块 1 到区块 i 的距离（空间距离或时间距离）要大于区块 2（$C_{1i} > C_{2i}$），因此，区块 1 中的人口到区块 i 消费的概率要低于区块 2，也即区块 1 和区块 2 相比，区块 2 中的人口密度对形成区块 i 市场潜力的作用要更大。由此，区块 i 的潜在市场规模，是其他区块的人口规模的加权之和，而权重则与这些区块到达区块 i 的交通成本负相关。

基于潜能模型，区块 i 市场潜力的计算如公式（2.15）所示。其中，MS_i 为区块 i 的市场潜力，POP_j 为区块 j 的人口规模，C_{ij} 为区块 i 和 j 之间的交通成本，α 为距离摩擦系数。在有些研究中，也会采用指数形式来设计交通成本的权重，通常对于摩擦系数 α 的取值，学术界一直没有定论。但大量研究发现，只要保证权重与交通成本成较好的负相关关系，无论采用哪种形式的权重设定以及 α 的取值，对于规律分析的影响并不大。现有实证中一般取值多为 $0.9 \sim 2.3$（宋正娜、陈雯，2009），为简便起见，本书取值为 1。

$$MS_i = \sum_{j=1}^{n} \frac{POP_j}{C_{ij}^{\alpha}} \tag{2.15}$$

在实证分析中，结合城市实际情况和数据可得性，本书进一步作出以下设定。

（1）POP_j，用各个区块上的居住人口规模进行度量。事实上城市中各个零售店的消费者既可能是周边的居民，也可能是周边的就业者。考虑到数据质量（高质量的就业空间分布数据更难获得），主要采用各区块的居住人口指标，同时采用各区块中的就业人口指标进行稳健性检验。之所以不将就业人口作为主要度量指标，有两个主要原因：第一，零售店的进驻显然会增加本区块的服务业就业，由此产生反向因果问题；第二，以北京市为研究对象，北京市的就业和居住密度仍然都表现出较为显著的单中心特征，因而，居住人口规模和就业人口规模有较高的相关性，第 3 章将对这一点加以说明。

（2）C_{ij}，区块 i 和 j 之间的交通成本，将以区块之间的实际交通时间作为度量指标，并充分考虑不同交通方式所带来的交通时间差别。以北京市为研究对象，分别考虑路面交通和轨道交通两种交通方式，对于路面交通，还将考虑拥堵造成的负面影响。在 2.1 节的理论模型中，消费者是否前往零售店消费，存在一个临界距离，使得交通成本刚好与净效用相互抵消，而实证研究并不能真实观察到这个临界距离。因此，以不同的交通时间阈值来作为这个临界值。例如，30 分钟之内可达的人口规模，按照交通时间反向加权形成市场潜力，而交通时间在 30 分钟之外的人口则不再纳入市场潜力的度量范围。同时还将尝试其他的交通时间阈值进行稳健性检验。

2.2.2 局部可达性影响"潜在消费者"向"周边消费者"的转化能力

根据汉迪（Handy，1993）的定义，局部可达性是指居民在较小的空间尺度上，通往商业设施和生活便利设施的可达性，其空间尺度通常不会超过 1.5 英里（2.4 公里）。影响局部可达性的核心要素为街区的连通性，包括街区内部的连通性及街区与外部交通的连通性，以及居民在街区内道路中行走、驾车出行时的便利性。借鉴城市规划学者的研究成果，本书主要从两个角度度量街区连通性：基于步行友好性的连通性和基于停车设施供给量的连通性。

2.2.2.1 基于步行友好性的连通性度量

城市规划中的通路形态主要有两种，可以抽象化，如图 2 - 3 所示。图 2 - 3 中，白色块代表街区，灰色条代表道路。图 2 - 3（a）在新城建设中尤其常见；图 2 - 3（b）常见于老城区。然而从消费的角度来看，前者不利于步行，不利于沿街商铺的布局和发展，也就难以形成"人气"、产生城市发展所必需的活力。这事实上也是中国城市建设中所常见的问题。事实上，在城市规划领域，如"新都市主义""精明增长"等规划理念，就十分推崇窄道路、高密度路网的设计形式。而在中国的城市经济学界，也已经有学者观察到宜于步行且高密度的路网形式对沿街商业繁荣的作用（陆铭，2016）。图 2 - 3（a）和图 2 - 3（b）的根本性差异在于街区和道路的尺度：图 2 - 3（a）采取大街区、宽道路的设计形式，图 2 - 3（b）则与之相反。直观地，虽然图 2 - 3（a）

中单位长度道路的容量远大于图 2 - 3（b），但是，十字路口数则远少
于图 2 - 3（b），这意味着街区之间的连接通道较少，且与外部交通连
接的出口也较少。在道路规划中，路口越多，越有利于交通流的疏散，
而更低概率地出现车辆拥堵的"瓶颈"路口，从而能够提高局部的连通
性；同时路口越多，道路越窄，也有利于居民的步行和商业活动。因
此，图 2 - 3（a）所示的街区和道路设计形式降低了局部的连通性，对
周边的商业互动产生了负面影响。而图 2 - 3（b）则恰恰相反，街区和
道路尺度都相对较小，但是，路网密集，道路之间的连接点多，利于步
行，且与外部交通连接的出口也较多。从连通性的角度，图 2 - 3（b）
要明显优于图 2 - 3（a）。

第 2 章　理论分析与实证方案设计

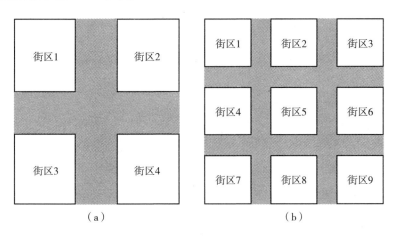

图 2 - 3　基于路网密度的连通性度量

从图 2 - 3 提取出本书通过路网密度度量连通性的核心变量：
一为道路节点（十字路口）的密度；二为路网体系中较宽的大路和
较窄的小路各自的长度。这两个变量不仅度量了街区内外的道路连
通性，也度量了街区内的易于步行性。结合中国城市中道路等级的
实际情况，依据道路的设计宽度将大路和小路做以下划分（见
表 2 - 1）。

表 2 – 1　　　　依据道路分级设计标准中的道路宽度参数划分大路和小路

分类	道路分级	道路宽度（米）
大路	快速路	40 ~ 45
大路	主干路	45 ~ 55
小路	次干路	40 ~ 50
小路	支路	15 ~ 30

资料来源：《城市道路工程设计规范》。

2.2.2.2　基于停车设施供给量的连通性度量

对于私家车出行的消费者，其在城市局部尺度的可达性除了受路网密度影响之外，还受到停车便捷性的影响。停车位越充裕的区位，消费者在一次消费出行的"末梢"就越便捷，因而也越有利于潜在消费者向周边消费者的转化。而以北京市为首的中国大城市目前停车位都严重短缺，截至 2016 年 5 月，北京市汽车保有量约为 560 万辆，[①] 但正式停车位只有 280 万个，缺口超过 50%。[②] 车位短缺必然影响私家车出行的消费者在出行末梢的便捷性，从而对消费活动产生不利影响，美国、日本等发达国家大城市中心地带传统购物中心的发展经验已经揭示了这一点（Litman，2003）。

在中国城市规划和交通规划领域，已有不少学者针对停车位的供需缺口估算、停车场设计等问题展开研究。停车需求大致可以分为基本停车需求和社会停车需求。前者为夜间停车需求，由机动车保有量决定；后者为日间社会、经济活动所派生的需求，其中又包含通勤出行等较为固定的出行所造成的稳定停车需求和社交、消费等出行所造成的相对灵活机动的停车需求（《中国公路学报》编辑部，2006）。针对夜间停车需求和较为稳定的日间停车需求，学者往往可以通过机动车保有量及分布、土地用途和利用强度，乃至就业分布等进行预测，且预测结果相对

① 北京市公安局公交交通管理局。
② 笔者 2016 年抓取自"无忧停车网"。

可靠。而本书所关注的消费出行的停车需求，则有较高的不确定性，一些学者利用交通调查、个体出行行为、交通流数据等方法预测，方法更为复杂，而准确性也并不尽如人意。

因此，本书出于准确性和数据可得性的考虑，并不致力于准确度量消费出行中停车的供需缺口是多大，而是度量各个区位停车位的供给能力，车位供给越多，越容易满足消费出行这种并不稳定的停车需求。在度量车位的供给时，本书分为两个层面：一是单纯的数量多少；二是综合考虑数量和价格的供给水平。第 3 章将对这两个层面的度量方法和结果加以详细说明。

2.3　消费活力影响区位价值的
经济机制分析

消费活力进一步传导至区位价值，通过两种经济机制分别影响了城市中的商业区位价值和居住区位价值。

消费活力对商业区位价值的影响机制本质上源于集聚经济理论。与一般意义上的企业集聚（如藤田和中川秀明（Fujita & Hideaki，1982）的集聚模型）相似，零售店的集聚也会产生正外部性，并导致零售商对地租支付意愿的相应提高，从而提高了区位价值。一个城市中的零售商铺租金，主要影响因素包括区位属性、集聚属性、商铺物理属性和租约属性等。其中，区位属性主要是指接近消费者的程度、周边居民的购买力水平等，集聚属性主要是指商铺与同类竞争者或互补零售店的关系、商铺从集聚中获得的正外部性等（这一点在实证研究中最难以度量），商铺物理属性包括出售产品的类型、物业年龄、建筑设计等因素，租约属性则包括租期长短、支付方式等。在实证研究中，通常利用特征价格模型来估计上述因素在租金中的资本化效应。

消费活力影响居住区位价值，本质上在于消费活力作为一种内生宜居性要素，对居民居住选址产生了重要影响，并资本化到房价（或者房租、地价）中去的经济机制。在城市层面上，Rosen-Roback 模型（Rosen，1986；Roback，1982）阐述了宜居性要素在城市间选址中所起到的作用论，认为居民的居住选址将在城市间形成工资、房价和宜居性要素之间的均衡。在城市内部，布鲁克纳等（Brueckner et al.，1999）的模型则将内生宜居性要素引入了城市空间内的居住选址模型中。基于居住选址模型可以进一步得到宜居性要素在房价中的资本化效应。在实证研究中，一般意义上的宜居性要素（尤其是地方公共服务）在房价（或房租）中的资本化效应通常都可以通过特征价格模型来研究，而由私营部门提供的丰富和多样化的消费机会，其资本化效应尚缺乏充足的实证研究。

2.4 基于理论分析框架的实证方案设计

2.4.1 市场规模影响消费活力的实证方案设计

2.4.1.1 从全局到局部尺度的实证方案设计

本书第 4 章和第 5 章将对市场规模影响消费活力的经济机制展开实证研究。首先，通过零售店的数量和多样性来度量消费活力。数量的度量十分直观，为一定空间范围内零售店的数量。本书采取两种方式度量多样性，一是直接统计特定空间范围内零售店的类别（Schiff，2015），二是借鉴生物学中最常用的多样性指数（Shannon-Index）（Shannon，1948），计算公式如下：

$$DIVERSITY_i = -\sum_{j=1}^{s} \frac{N_{ij}}{N_i} \times \ln\left(\frac{N_{ij}}{N_i}\right) \tag{2.16}$$

其中，N_i 表示区块 i 内零售店的总数，N_{ij} 表示区块 i 内第 j 类零售店的个数。这一指标同时反映了商品类别和不同类别之间的分布情况两个信息，商品类别越多，不同类别商品的分布越均匀，该指标取值越高。例如，若有两种商品各占 50%，则 $DIVERSITY = 0.69$；若两种商品的比例分别为 10% 和 90%，则 $DIVERSITY = 0.32$；若有十种商品，各占 10%，则 $DIVERSITY = 2.3$。

在从数量和多样性两个维度度量消费活力的基础上，本书分两个步骤对市场规模影响消费活力的经济机制进行实证检验，分别对应第 4 章和第 5 章。

第一步，假定潜在消费者转化为周边消费者的能力在城市不同区位之间无差异，实证检验全局尺度上的市场潜力如何影响消费活力，概念模型如式（2.17）所示：

$$Y_i = f_1(MS_i, X_i) \tag{2.17}$$

其中，Y_i 是区块 i 中零售店的数量或多样性；MS_i 是根据式（2.15）计算所得的市场潜力，度量一定时间范围内区块 i 中零售店所能获得的最大潜在消费者规模，根据理论模型可以预期，MS_i 的估计系数大于零；向量 X_i 为控制变量，包括到市中心的距离、街道固定效应（用以控制区位 i 的不可观测因素）、公共开敞空间面积（用以控制区块 i 的土地供给弹性）等。

第二步，在控制潜在市场规模后，进一步研究局部尺度的连通性水平如何影响潜在市场规模转化为实际市场规模的能力，概念模型如式（2.18）所示。其中，$CONNECTIVITY_i$ 指区块 i 的连通性水平，分别用路网密度和街区内停车位供给量来度量。可以预期，给定市场规模条件下，连通性水平越高，消费活力越强，因此，$CONNECTIVITY_i$ 的估计系数大于零。

$$Y_i = f_2(MS_i, CONNECTIVITY_i, X_i) \tag{2.18}$$

2.4.1.2 不同集聚强度零售店的异质性分析思路

对于式（2.17）和式（2.18）两个实证检验步骤，还将针对不同集聚形态的零售店进行异质性分析。具体而言，本书分别检验了高度集聚的购物中心这一类大尺度室内消费空间（往往有停车场），与集聚程度较低的沿街零售店（更多的是步行消费者），对于全局尺度市场潜力和局部尺度连通性的敏感性。

根据 2.1 节理论模型，消费者前往零售店消费的临界距离 $d = (u_1 - p)/\tau$，与单次消费出行的效用 u_1 正相关，而与交通成本 τ 负相关。而根据第 1 章对零售店集聚研究的综述可知，购物中心这样将零售店高度集聚的消费空间，为消费者创造了一站式购物、比较购物的机会，也提供了更高的多样性。可以推断前往购物中心的单次消费出行效用将高于街边零售店。因此，在单位距离的交通成本相同的情况下，购物中心的市场覆盖范围高于沿街零售店。

可以预期两种不同的零售业集聚形态对全局和局部可达性的敏感性有所区别：沿街零售店将更多受到局部可达性的影响，而购物中心零售店将更多受到全局可达性的影响。

2.4.2 消费活力影响区位价值的实证方案设计

第 6 章将对消费活力影响区位价值的经济机制进行实证分析。根据消费活力对商业区位价值和居住区位价值的影响具有不同的经济机制，但都可以通过特征价格模型来度量资本化效应。其实证方案如式（2.19）所示：

$$Y = f_3(QUANTITY, DIVERSITY, X, L) \tag{2.19}$$

对于商业区位价值，本书利用商业地块进行研究。这里包含区位属性和集聚属性对商业区位价值的影响，而不包含商铺物理属性和租约属性对具体商铺租金的影响。*Y* 代表商业地块价格；*QUANTITY* 和 *DIVERSITY* 分别代表地块周边零售店的数量和多样性；*X* 代表商业地块的物理属性，如面积、容积率、出让方式等；*L* 代表商铺或商业地块所在区位除消费活力之外的其他区位属性，包括到市中心的距离、街道固定效应、周边的土地供给弹性等。这一实证方案的思路如下。

首先使实证方程中仅包含 *QUANTITY* 而不包含 *DIVERSITY* 变量。地块周边的零售店越多，意味着该区位的消费水平越高，市场环境越好，这将会资本化到商业区位价值中；但同时也意味着周边的竞争越激烈，从而也可能对地价产生负面影响。因此，变量 *QUANTITY* 的估计系数是上述两个方面的混合效应。进一步放入多样性指标。在关于零售店集聚效应的综述中，多样性仅是其中的一部分，但由于数据可得性的限制，本书用多样性近似表征零售店集聚的正外部性（Teller et al.，2010），则将多样性纳入回归方程后，零售店集聚所造成的资本化效应从 *QUANTITY* 的估计系数所反映的混合效应中分开，因此，*QUANTITY* 估计系数的变化量可近似认为是零售店集聚对商业区位价值的影响效应。

对于居住区位价值，本书利用房屋租赁微观交易样本进行实证研究，由此可以反映消费活力这种内生宜居要素为居民带来的居住价值，而避免房价中的预期效应（尤其是非理性预期）对实证研究造成的偏误。由于消费活力和住宅价格之间存在明显的内生性问题，因此，将利用北京市持续的地铁网络扩张，尤其是新建地铁线路对原有线路沿线区位交通可达性的影响作为外生冲击，缓解内生性问题，识别因果机制。

2.5 本章小结

本章建立了全书的理论分析框架，并在此基础上设计了实证方案。

首先，基于零售业的市场规模理论，建立理论模型分析了城市空间中零售店进入市场的门槛条件，在现有研究的基础上将其细化，认为同时受到人口密度和交通成本的影响。人口密度越大，交通成本越低，城市中零售店的数量和多样性越高。其次，从全局到局部尺度论述了市场规模的形成过程及其对消费活力的影响机制。最后，明确了消费活力影响商业区位价值和居住区位价值的两种经济机制。在此基础上，本章提出了后续实证方案。

（1）全局尺度：首先假定潜在消费者转化为周边消费者的程度在城市各个区位之间无差异，从而实证分析全局尺度的市场潜力对提高零售店数量和多样性的影响效应。实证中将根据道路和地铁网络度量市场规模，并充分考虑道路拥堵的影响。

（2）局部尺度：放松上述假设，指出潜在消费者转化能力受到城市局部尺度上一些规划设计要素的影响，实证检验局部的连通性对于提高零售店数量和多样性的影响效应。分别对应公共交通出行和私家车出行的消费者，从步行友好性和停车设施供给两个角度测算连通性，分析其将如何转化潜在市场规模、影响消费活力。

（3）异质性分析：以上两个实证步骤均是首先考虑对零售店的一般影响规律，然后探讨不同集聚形态零售店影响的异质性，即高集聚程度的购物中心和低集聚程度的沿街零售店。结合理论分析中市场覆盖范围的概念，预期由于市场覆盖范围和面向消费者范围的差异，两者对于全局尺度的市场规模和局部尺度的连通性具有不同的敏感性。

（4）区位价值：利用特征价格模型实证检验消费活力提升商业区位价值和居住区位价值的影响效应。

第3章

消费活力与交通可达性的度量方法

本章将结合北京市多维度的空间数据来度量各个区位上的消费活力和可达性。对于消费活力，将在北京建成区范围内设定空间分析单元，并从数量和多样性两个维度度量各个空间分析单元内的消费活力；对于可达性，将利用北京市的道路网络和轨道交通网络分别度量各个空间分析单元之间的交通时间，从而计算每个空间分析单元的全局可达性；并利用城市细部道路网络数据度量空间分析单元内的局部可达性。

3.1　实证研究的数据说明及预处理

3.1.1　空间分析单元

本书选择北京"城六区"① 为空间研究范围（后续简称为"北京城

---

① 即原"城八区"，包括东城区（原东城区、崇文区）、西城区（原西城区、宣武区）、朝阳区、海淀区、丰台区和石景山区。

市化地区"），在这一范围内，城市化水平较高且空间上较为连续，道路网络、轨道交通网络和零售店的分布都较为密集，这些为实证研究提供了良好的基础。进一步，本书随机地将北京城市化地区划分为 2 千米 ×2 千米的正方形网格，以此作为空间分析单元，共有 347 个网格。

首先，本书后续的变量构造和实证分析依赖于空间分析单元内的实际路网密度及其中的通行速度，而街道或者通常用于交通研究的空间分析单元（transportation analysis zone，TAZ）通常将道路作为分隔区块的界限，会导致路网密度等变量与空间单元划分之间存在关联性。本书采用随机划分网格的方法，能够让路网密度等变量具有更强的外生性。其次，本书后续研究中，在全局尺度将以每个空间分析单元的几何质心为交通目的地，而在局部尺度，需要研究消费者从交通目的地——几何质心通往最终消费目的地的便捷程度。在 2 千米 ×2 千米的空间分析单元中，从几何质心到网格内的任何区位，最大距离为 1.41 千米，几乎是可步行的最大距离（Alshalalfah & Amer，2007）。最后，过小的空间分析单元会导致后文在统计零售店的数量和多样性时样本不足。因此，随机划分 2 千米 ×2 千米的空间分析单元是较为合理的。

3.1.2　零售店相关数据

大众点评网是 2003 年成立的本地生活信息和消费点评网站，从 2004 年起进入北京市场。在该网站主页上，列出了其所收录的所有内容，包括美食、电影、休闲娱乐、酒店、丽人、K 歌、运动健身、周边游、亲子、结婚、购物、宠物、生活服务、学习培训、爱车、医疗健康、家装、宴会。大众点评网记录了每家商店的名称、营业时间、地理位置、零售店类型、人均消费价格、消费者点评等信息。

通过抓取网络数据，本书获得了截至 2014 年 12 月 31 日大众点评网收录的所有数据点，并进行以下预处理。

第一，排除其中更接近于公共服务设施的内容。例如周边游，包含公共开敞空间、景点等公共休闲、旅游资源；学习培训，包含的是教育资源；医疗健康，包含的是公共医疗卫生资源。

第二，考虑到网站收录的零售店类型之间存在较多的交叉，例如"宴会"收录的内容，往往也属于"酒店"一类，"K歌"收录的内容，也可被归为"休闲娱乐"一类。因此，将一些存在交叉的条目重新归类，将网站收录的所有零售店归为餐饮、购物、休闲娱乐、运动健身、美容、婚庆、车辆服务、亲子服务、家装服务和其他生活服务10类。各类的占比如图3-1所示。

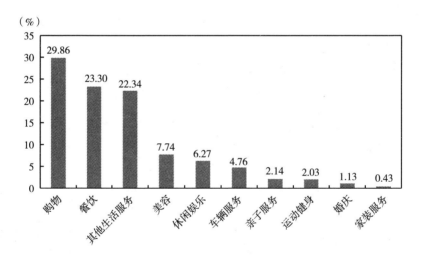

图3-1 大众点评网中不同类型零售店的比例

对于每一家零售店，同时还能获取其地址、开业时间、消费类型、人均消费价格①等信息。需要注意的是，大众点评网所记录的时间为将其收录进网站数据库的时间，而非实际的开业时间，出于数据可

---

① 由于大众点评网收录信息工作尚未完成，目前，90%的零售店缺乏有效的人均消费价格信息，因此，本书不将其作为研究对象或分析依据。

得性的限制，本书用该变量作为开业时间的代理变量。然而这种近似的方法存在两个主要问题：第一，年份越早，即大众点评网当时经营的时间还很短，该网站能够收录的零售店与城市中实际的零售店会差距越大，用网站收录的数量进行实证检验的偏误也就越大；第二，由于缺乏零售店实际开业以及关闭（若有）的时间信息，因而无法识别曾经开业后倒闭的零售店以及关闭后异地重新开业的零售店，导致无法研究零售店结构性的改变，也导致后文对增量零售店的研究产生了偏误。这是现有数据条件下本书研究所无法避免的局限性。

根据开业时间，统计出北京城市化地区每年各有多少个零售店（见图3－2）。由于大众点评网在2004年才进入北京市场，因而当年收录数据极少，仅1000多条，后文的研究将尽可能从2005年开始。从图3－2可以观察到，2012～2013年北京城市化地区的零售店数量有一个明显的跳跃，根据前文，这一"跳跃"既包含实际城市中零售店数量的增加，也包含网站收录信息更新所带来的提升，由于数据所限，实证中无法准确区分这两个效应。

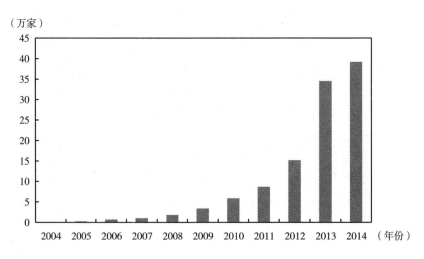

图3－2　北京城市化地区各年零售店总量

进一步地，统计不同类型零售店总量随时间变化的趋势，这里主要关注占比最高的购物、餐饮两类，并将其他类型合并统计，如图3-3所示。可见，餐饮店是大众点评网中最早被收录的一类；随着收录工作的进行，购物和娱乐健身两类逐渐也被纳入网站数据库，且最终购物类零售店的数量超过了餐饮类；其他类型零售店被收录并完善的进度最慢。尽管截至2014年底，购物和其他零售店的数量均超过了餐饮类，但是，如果需要进行时间序列或面板数据分析，由网站收录信息进度所导致的偏误对于购物和其他零售店的影响必然是偏大的。这也是为什么本书在实证研究中主要采用数据质量较好的餐饮店数据的原因之一。

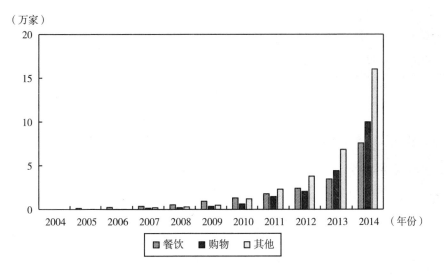

图3-3　北京城市化地区各年各类零售店总量

利用 ArcGIS 计数，本书根据坐标将大众点评网所收录的所有零售店位置实现空间信息化，零售店在北京城市化地区呈现出非常显著的单中心特征：二环至四环之间零售店分布最为密集，四环至五环之间则相对较少，而五环外的零售店已经较为稀疏了。由此可见，以北京城市化地区为研究范围，从样本分布的角度具有一定的合理性——整个研究范围之内零售店数量较多，而不同区位之间也有足够的差异性来识别实证研究中的各种机制；若是进一步扩大研究范围，则可以预见在北京市郊区，零售店数量将进一步减少，平均到各个空间分析单元内则更少，从而对实证分析的准确性和精度产生不利影响。

我们还可以观察到，随着时间推移，零售店空间分布的变化趋势。可知，北京市中心的零售店不断增加，同时零售店空间布局也呈现出不断向外拓展的趋势。例如，海淀区的清河社区，在 2006 年时零售店的数量均较少，而到 2010 年的零售店已经初具规模。从市中心向外，零售店布局的逐年拓展在各个方向上也相对均匀。同时应注意到，北京市的城市发展本身就表现出随时间不断向外扩展的特征。因而，零售店空间分布趋势提醒本书在实证分析中，必须同时控制城市扩张以及网站数据收录的时间趋势。此外，由于 2010 年以前，远离市中心的区位上零售店数量过少，因而，按照 2 千米 × 2 千米的空间分析单元进行统计和实证分析时，越是远离市中心，在早年的偏误就越大。

3.1.3　交通网络数据

3.1.3.1　道路网络基础数据

本书所使用的道路网络为 2010 年北京市道路网络基础图层，其中包括市区道路、市区杂路、环路、高速、匝道、省道等不同类型的道路。北京城市化地区内的道路从市中心向外逐渐变得稀疏，在城市化地区的边缘地带有 4 个网格内没有道路通过。[①]

路网图层中的每条道路，按照道路分级标准，可以归为快速路、主

---

　　① 为便于后文基于道路对各个网格的可达性进行网络分析，对这 4 个没有道路通过的网格，将与其接壤的 8 个网格内最近的道路延长至该网格。这种处理方法对于局部路网造成了很大的误差，因而，在后文中只用于全局可达性的度量，而在局部可达性的度量中则不再考虑被延长的路段。对于全局可达性而言，仅 4 个网格内有延长道路，并且由于计算了所有其他网格到该网格的道路交通成本，这些延长路段对于实际网络计算涉及的路网而言是极为微小的，可以忽略不计。

干路、次干路和支路四种级别。数据中包括各条道路的类型、分级、走向、长度等属性。根据国家相关标准对不同级别道路的宽度和机动车设计通行速度的规定，可以得到道路网络中每一个路段的基准通行时间（道路长度/设计通行速度），如表3-1所示。下面将以此为基础进行交通可达性的度量。

表3-1   道路分级与设计规范

道路分级	道路宽度（米）	设计通行速度（公里/小时）
快速路	40~45	60~100
主干路	45~55	40~60
次干路	40~50	30~50
支路	15~30	20~40

资料来源：《城市道路工程设计规范》。

由于后文对市场潜力的度量是基于居民在交通网络中的移动速度，而这一数据无法直接获取，因此，本书利用高德地图的"路况预测"采集了机动车在道路网络中的通行状况和拥堵程度，分三步来估计机动车在各个路段内的通行时间。这一数据采集工作与"大众点评网"数据采集同时，也发生在2014年底。

首先，利用网络地图采集各个路段的拥堵程度。高德地图的"路况预测"利用不同颜色表示各个路段在一段时期内（这里是指搜集数据的2014年）的平均拥堵程度——通畅、轻微拥堵和拥堵三种状态分别用绿色、黄色、红色来表示。本书课题组的孙聪（2015）在北京市生成了4079个交通监测点，分别监测4079条路段。本书共享了这一数据库，对这4079个监测点的交通拥堵状况通过图像处理进行颜色提取，生成反映交通拥堵程度的变量rush，通畅、轻微拥堵和拥堵这三种状态下分别对rush赋值为1、2、3。

其次，统计不同拥堵状态下通行时间与通畅时通行时间的比例关系。针对每天的8:00~9:00、18:00~19:00、9:00~11:00、15:00~

17：00、0：00～2：00 这五个时间段中上述 4079 个交通监测点到天安门的路面交通时间，在百度地图中连续采集并记录一周。前两个时间段为早晚高峰期，对应拥堵（rush = 3）；第三、第四个时间段对应轻微拥堵（rush = 2），最后一个时间段对应通畅（rush = 1）。据统计，拥堵状态下的通行时间平均为通畅时的 5 倍，而轻微拥堵状态下的通行时间平均为通畅时的 2 倍。

最后，结合不同拥堵程度下通行时间与通畅时间的比例，以及前文的各个路段在"路况预测"模块下的平均拥堵程度，可以预测各个路段在拥堵状况下的通行时间："路况预测"模块预测平均拥堵程度为"通畅"的路段，其通行时间为基准通行时间（即道路长度/设计通行速度）；"路况预测"模块预测平均拥堵程度为"轻微拥堵"的路段，其通行时间为基准通行时间的 2 倍；"路况预测"模块预测平均拥堵程度为"拥堵"的路段，其通行时间为基准通行时间的 5 倍。

3.1.3.2 地铁网络基础数据

本书通过北京地铁官方网站采集了北京市地铁线路和站点的信息，如表 3 - 2 所示，包括开通时间、线路长度、具体位置等。根据以上信息本书可以探讨随着地铁网络建设过程而产生的动态演变。此外，还获取了地铁站点两两之间的通行距离和通行时间，用于后文市场潜力的度量。

表 3 - 2　　　　　　　　　北京市地铁线路详细信息

地铁线	开通时间	车站数（个）	长度（千米）
1 号线	1971 - 1 - 15	23	31
2 号线	1971 - 1 - 15	18	23.1
13 号线	2002 - 9 - 28	16	40.9
八通线	2003 - 12 - 27	13	19
5 号线	2007 - 10 - 7	23	27.6

续表

地铁线	开通时间	车站数（个）	长度（千米）
8 号线	2007 - 7 - 19	18	26.6
10 号线	2008 - 7 - 19	45	57.1
机场快轨	2008 - 7 - 19	4	28.1
4 号线	2009 - 9 - 28	24	28.2
15 号线	2010 - 12 - 30	19	31.5
昌平线	2010 - 12 - 30	12	21.3
大兴线	2010 - 12 - 30	11	21.8
房山线	2010 - 12 - 30	11	24.6
亦庄线	2010 - 12 - 30	13	23.2
9 号线	2011 - 12 - 31	13	16.5
6 号线	2012 - 12 - 30	26	42.8
14 号线	2013 - 5 - 5	26	12.4

注：有 2 条地铁线路由于开通时间晚于本书关于地铁及相关地理信息的采集时间，未纳入本书的数据库中，分别为：7 号线，开通于 2014 年 12 月 28 日；16 号线，开通于 2016 年 12 月 31 日。

资料来源：北京地铁官网。

截至 2014 年 12 月底，北京市已开通地铁线路 17 条，站点 231 个（未重复计数换乘车站）[①]，运营里程达到 496 公里，已成为世界上轨道交通总里程排名第二的城市。且当时北京市轨道交通日均载客量超过一千万人，是世界上地铁载客量最大的城市（Zheng Siqi, 2016）。事实上，在 2001 年以前，北京市只有 1 号线和 2 号线两条地铁线路，只有 39 个地铁站（包含 2 个换乘车站）。21 世纪初北京市开始了密集建设城市地铁网络的进程，在 2008 年奥运会开幕之前集中开通了 6 条地铁线路和 119 个地铁站点。此后，北京市政府继续加大地铁网络建设和运营的投资，才逐渐形成了目前的城市轨道交通网络。北京市地铁网络的不断扩展，以及在交通体系中的重要角色，为本书的实证研究提供了便利。

---

① 事实上，截至 2014 年 12 月 31 日，北京市共开通了 18 条地铁线路，但由于 7 号线开通于 2014 年 12 月 28 日，晚于本书的数据采集时间，因此未被纳入本书的空间数据库。

在北京城市化地区的 347 个网格中，超过一半的网格中并未开通地铁，因此，在后文基于地铁网络的可达性计算中，需要将道路与地铁网络综合考虑：对于没有开通地铁的网格而言，其中的居民需要先通过道路交通前往最近的地铁站，再通过地铁出行。类似的，消费者前往并未开通地铁的网格消费时，也会从最近的地铁站出发通过道路前往。

3.1.3.3　停车场基础数据

本书采集了无忧停车网所收录的北京市停车场详细数据，在本书的数据采集时点，市场上能够准确收录停车信息的网站或 App 应用极少，"无忧停车网"的数据量相对较大且收录内容相对准确。然而网站所收录的信息仅包含大型停车场，而没有路边停车位的信息，这也是目前数据可得性约束下停车场数据的一大局限性，对各个空间范围内真实的停车位供给量有着一定的低估。寻找包含路边停车位的更好数据源，以验证本书中的相关实证分析结论，将作为后续研究方向。

将"无忧停车网"收录的北京城市化地区内停车场空间信息化到 GIS 数据库中。对于每一个停车场，均包含名称、地址、营业时间、能否预定、各时段收费水平、经纬度等详细信息。由于超过一半的网格内没有停车场数据的收录，因此，后文除了度量各个网格内的停车位数量之外，为了增加不同区位间的数据区分度，还将度量各个网格到最近停车场的距离。

3.1.4　房地产交易相关数据

3.1.4.1　商业用地出让样本

本书采集了北京市国土资源局网站上所收录的 2001 年以来的商业用地成交记录。此项数据用于实证研究消费活力对商业区位价值的直接和间接提升效应，数据对地块的具体位置、面积、规划建筑面积、容积率、绿化率①、成交价格等属性进行了较为详细的记录。然而由于历年商业用地出让宗数远少于居住用地，因此，样本量极其有限。又加上根据大众点评网收录的零售店信息从 2005 年开始才初具规模，因而，后文用于商业用地区位价值实证分析的样本仅限于 2005 ~ 2014 年，共有95 个商业地块出让的样本。相关变量的描述性统计如表 3 - 3 所示。

表 3 - 3　　　　　　　商业地块基本信息描述性统计

变量	定义	均值	标准差
PRICE	出让地块的单位土地面积价格（元/平方米）	33772.23	63657.42
AREA	出让地块的土地面积（平方米）	38062.78	48266.83
F_AREA	规划建筑面积（平方米）	103646.20	107482.60
FARATIO	出让地块的规划容积率	3.73	2.97
TYPE	出让方式：挂牌 = 1，招标 = 2	1.24	0.43

资料来源：北京市国土资源局。

在实证研究中，根据这些商业出让地块所在的位置，可以进一步通过地理计算获得其区位属性，如周边的消费活力、交通可达性等。尽管样本量较小，但这 95 个商业地块在零售店数量上具备了足够的区分度，可用以实证检验其对区位价值的影响效应。

3.1.4.2　住房租赁交易样本

在消费活力对居住区位价值的影响效应研究中，考虑到消费活力主要影响生活质量，而房租体现的正是住房的使用价值，所以消费活力会很好地反映到房租中去；同时，由于中国房价近些年来上涨过快，甚至可能存在资产价值过度偏离经济基本面的情况，所以没有采用房价数据来进行区位价值的研究。本书通过房地产交易中介公司"我爱我家"获取了北京市 2005 ~ 2012 年的住房租赁交易样本，共计 27.3 万个，分布

①　这一数据缺失较为严重，95% 以上的样本缺少绿化率信息，因而不用于实证分析。

在 7285 个小区中（其中，有 6223 个小区位于北京城市化地区内）。"我爱我家"在北京市房地产中介市场上所占份额超过 10%[①]，且本书获取的样本所在小区在北京市空间上的分布较为均匀，因此，这一样本具有一定的代表性。

每一个交易样本均包含交易日期、租金、地址、房屋面积、房龄、装修水平、楼层等信息。进一步在 ArcGIS 中进行空间运算，可以获得其区位属性，如到市中心的距离、到最近的重点小学和三甲医院等公共设施的距离等。住房租赁样本相关变量的描述性统计如表 3 - 4 所示。后文将在此基础上选择合适的子样本进行实证研究。

表 3 - 4　　　　　　　住房租赁样本相关变量描述性统计

变量	定义	均值	标准差
RENT	房屋月度租金（元/平方米）	47. 61	21. 74
SIZE	房屋面积（平方米）	64. 19	31. 84
AGE	房龄（年）	13. 07	8. 83
TOP	房屋是否位于顶层：是 =1；不是 =0	0. 12	0. 33
DECORATION	装修：4 = 精装；1 = 毛坯	1. 80	1. 62
DURATION	租期（月）	11. 44	4. 11
D_CENTER	到市中心天安门的距离（千米）	10. 97	5. 52
D_SCHOOL	到最近重点小学的距离（千米）	2. 45	2. 81
D_HOSPITAL	到最近三甲医院的距离（千米）	3. 09	3. 41
D_SUBWAY	到最近地铁站的距离（千米）	1. 54	1. 20

资料来源：房地产中介公司"我爱我家"。

3.1.5　其他基础数据

本书利用北京市 2000 年人口普查关于各街道常住人口的统计数据，

① Xu Y, Zhang Q, Zheng S, et al. House Age, Price and Rent: Implications from Land-structure Decomposition. *The Journal of Real Estate Finance and Economics*, Vol. 56, No. 2, 2018, pp. 303 – 324.

作为北京市人口分布的依据。本书的研究期为 2005～2014 年，在此期间，北京市各区位的基础设施建设、商业活动等因素不可避免地导致人口在城市空间中的重分布，从而产生了实证研究中的内生性问题（endogeneity）。因此，本书在后面构造相关指标时，始终基于研究期之前的 2000 年的人口密度，这是经济学实证分析中经常使用的缓解变量之间内生性的方法，将以此来反映仅由交通网络中的外生冲击引起的消费活力和区位价值的变化。将本书的空间分析单元 2 千米×2 千米网格与街道图层重叠，则每个网格内的人口规模 = 该网格所在街道的人口密度×网格面积。2000 年，北京市区各街道平均人口密度为 1.71 万人/平方公里。按此方法计算，北京城市化地区 347 个网格的各网格平均人口数为 3.43 万人。

很显然，在零售店周边，不仅附近居住的家庭会来消费，而且附近的就业者也会来消费，仅考虑常住人口密度（反映居住人口的空间分布）是不够的。因此，本书还利用北京市 2004 年经济普查中的就业人口分布进行稳健性检验。对比各街道的常住人口密度和就业密度，可见两者的单中心特征十分相似（两者的相关系数为 0.61），且就业人口在市中心集聚的强度更高。但就业人口变量存在一定的局限性，因为零售店的增加本身也会创造所在区位的服务业就业，造成就业密度的提高，这会产生反向因果问题。综上所述，本书在后续实证章节中将以常住人口分布为主要变量测算各区位的市场潜力，而将基于就业人口分布测算的市场潜力作为稳健性检验。将就业人口分布图与 2 千米×2 千米网格图层重叠，每个网格内的就业人口 = 该网格所在街道的就业密度×网格面积。

此外，本书还获取了北京城市化地区内的公共开敞空间。本书在实证研究中，需要控制不同区位上商业用地的供给。由于缺乏初始年份的土地利用规划，而后续的商业用地面积与交通基础设施建设、零售店分布之间都存在较强的内生关系，因此，利用公共开敞空间面积控制不同区位的土地供给弹性。虽然这种方法不能将商业用地供给和居住、工业用地供给区分开，但是在现有数据条件下，也能在一定程度上反映土地供给弹性——公共开敞空间面积越大，实际能用于商业的土地面积就越小，则土地供给弹性越小。根据公共开敞空间的信息，通过空间计算进一步统计各个网格内的公共开敞空间面积，平均为 0.33 平方公里。

3.2　消费活力的度量方法

本节利用大众点评网的数据，从数量和结构两个维度度量北京城市化地区各个空间分析单元的消费活力。在数量维度，统计大众点评网所收录的所有零售店在各个空间分析单元中的分布密度。在结构维度，一方面，对这些零售店的多样性加以度量；另一方面，按照其在空间中的集聚形态，划分为集聚强度较低的沿街零售店与高度集聚的零售店（购物中心）（Teller & Thomas，2008），分别描述这两者的空间分布。此外，根据 3.1.2 节的数据详情可知，在所有类型的零售店中，餐饮店由于收录和更新较早，数据质量相对较好。因此，本书对于消费活力的度量和实证研究，除了对所有类型的零售店展开以外，还将特别针对餐饮店进行更深入细致的研究。

3.2.1　数量维度的度量

本书首先测算了大众点评网收录的所有类型零售店在各个空间分析单元内的分布数量。从空间分布格局来看，零售店最为密集的区位分布在国贸、金融街、中关村等地，均为公认的城市中心或次中心，有着最为密集的人口，最为便利的交通条件，同时土地利用也最为集约。进一步地，笔者聚焦于数据质量最高的餐饮店，度量其在各个空间分析单元内的分布密度。可知，餐饮店的分布也具有相似的特征，在国贸、金融街、中关村等城市中心区域分布最为密集。

3.2.2 结构维度的度量

3.2.2.1 多样性的度量

根据 3.1.2 节，大众点评网所收录的零售店经过整理后分为餐饮、购物、休闲娱乐、运动健身、美容、婚庆、车辆服务、亲子服务、家装服务和其他生活服务 10 类。本书对零售店多样性的度量，首先统计各个网格内的零售店种类（*TYPE*）。*TYPE* 越大，意味着网格有越多不同消费类型的零售店，为消费者提供的"一站式购物"的机会也就越多（Teller et al.，2008）。然而从实际数据来看，变量 *TYPE* 在空间上的区分度较差，均值为 8.05，标准差仅为 1.70，大于 8 的网格超过了 75%，这对于实证研究而言较为不利。这种变量分布是由网站对零售店种类的区分度较低所致，如果能分为更多种类，则有机会改善多样性的度量结果。

考虑到数据质量，本书对多样性的度量将以餐饮店为主要研究对象，而上述变量 *TYPE* 仅用作稳健性检验。餐饮店按照菜系的进一步细分十分明确，共有 25 种不同菜系，如表 3 - 5 所示。据此，本书分别用两个指标来度量餐饮店的多样性：不同菜系的数量以及基于不同菜系餐馆数量而产生的多样性指数（徐杨菲等，2016）。

表 3 - 5　　　　　　　大众点评网收录的餐饮店菜系种类

编号	菜系种类	编号	菜系种类	编号	菜系种类
1	北京菜	5	川菜	9	江浙菜
2	西餐	6	火锅	10	粤菜
3	日本料理	7	自助餐	11	清真菜
4	小吃快餐	8	韩国料理	12	湘菜

续表

编号	菜系种类	编号	菜系种类	编号	菜系种类
13	甜品	18	西北菜	23	烧烤
14	东南亚菜	19	海鲜	24	新疆菜
15	云南菜	20	素食	25	其他难以分类的
16	鲁菜	21	贵州菜		
17	东北菜	22	湖北菜		

城市空间中的消费活力与区位价值

前者较为直观，根据大众点评网对餐饮类菜系的分类，统计每一个空间分析单元内各有多少种不同菜系的餐馆，构造多样性指标（*CUISINE*）；后者借鉴生物学领域常用的 Shannon-Index，构造多样性指标（*DIVERSITY*）：

$$DIVERSITY_{it} = \sum_{j=1}^{25} \frac{N_{ijt}}{N_{it}} \times \log\left(\frac{N_{ijt}}{N_{it}}\right) \tag{3.1}$$

其中，$DIVERSITY_{it}$ 表示第 i 个网格在 t 时刻的餐馆多样性，N_{it} 表示第 i 个网格在 t 时刻的餐馆总个数，N_{ijt} 表示第 i 个网格在 t 时刻第 j 类餐馆的个数。本书计算了 2014 年底餐饮店多样性在北京城市化地区的空间分布。结果显示，北京城市化地区零售店多样性的分布仍基本符合单中心特征，市中心远高于城市边缘。

CUISINE 和 *DIVERSITY* 这两个多样性指标，既高度相关（两者相关系数为 0.69），又有区别。以 *CUISINE* 度量的多样性呈现出高度的单中心特征，到市中心的距离增大，网格内的菜系种类随之减少；以 *DIVERSITY* 度量的多样性则不同，*DIVERSITY* 取值较大网格的空间分布相对分散。根据定义可知，*DIVERSITY* 既度量了种类的多少，同时还度量了种类间分布的均衡程度。种类越多，*CUISINE* 越大，*DIVERSITY* 也越大；餐饮店在不同种类间分布越均匀，*DIVERSITY* 也越大，而 *CUISINE* 则无法反映这一点。

3.2.2.2　按照集聚形态的分类统计

将零售店按照集聚形态划分为低集聚强度的沿街零售店和高集聚强

度的购物中心，分别度量其在空间中的分布形态。据此，后文在实证研究中可以探讨全局和局部尺度交通可达性对消费活力的影响效应在不同集聚形态零售店之间的差异性。直观地看，高度集聚的购物中心市场范围更大，消费者更有可能分布在全市各处，因而，预期对全局尺度的交通可达性有更高的敏感性；而沿街零售店市场范围相对较小，因而，预期对局部尺度的交通可达性有更高的敏感性。

进行区分时，首先根据大众点评网收录的标签可以很容易将"购物中心"筛选出来（北京城市化地区内共收录有919家商场或购物中心），然后判断其他零售店是否位于购物中心之内，采取两种判断标准：第一，零售店的地址中包含购物中心的名称；第二，零售店到最近购物中心的距离小于200米。当上述两个标准均反馈"否"时，认定该零售店在购物中心之外。这就对零售店的数据信息提出了较高的要求，在实际识别过程中，只有大众点评网收录最早的餐饮店有足够高的数据质量，因此，本书仅针对餐饮店识别其是否在购物中心之内。

表3-6列出了度量消费活力相关变量的描述性统计。

表3-6 度量消费活力相关变量的描述性统计

变量	定义	均值	标准差
N_CON	所有零售店的数量（个）	796.29	1102.68
N_REST	餐饮店的数量（个）	255.58	439.93
N_MALL	购物中心的数量（个）	4.67	4.47
N_STREET	沿街零售店的数量（针对餐饮店的度量）（个）	61.03	82.49
TYPE	所有零售店的种类数（种）	8.05	1.70
CUISINE	餐饮店的菜系种数（种）	14.44	7.29
DIVERSITY	餐饮店的多样性（Shannon-Index）	1.76	0.66

3.3 可达性的度量方法

3.3.1 全局可达性与市场潜力的度量

本节将利用北京城市化地区的道路和轨道交通（地铁）网络度量全局可达性，即居民在交通网络中的移动速度，从而估算每个区位上的零售店所面临的市场潜力。具体分为三个步骤：（1）计算通过道路网络形成的市场潜力；（2）计算通过地铁网络形成的市场潜力；（3）根据以上两者进行综合，计算各个区位的总市场潜力，并分析交通基础设施建设（本书主要是指地铁建设）对市场潜力的影响。

3.3.1.1 通过道路网络交通形成的市场潜力

1. 计算方法

本节将基于道路网络基础数据测算北京城市化地区内各个网格（空间分析单元）通过道路获得的市场潜力，有两个主要步骤：第一步，计算网格之间的道路交通时间，形成 OD 矩阵；第二步，基于 OD 矩阵计算在一定时间范围内可达某一特定网格的总人数，即为该网格的市场潜力。

对于第一步，笔者在 ArcGIS 中构建网络数据集，其计算任意两点间交通时间的思路如图 3 - 4 所示：图中，虚线所示的网格为本书所采取的 2 千米 ×2 千米网格状空间分析单元，实线段示意道路网络，在构建道路网络数据集时会形成道路相互交叉的节点（如道路节点 1～5，对应实际的十字路口、丁字路口、三岔路口等）。i 和 j 点均为各自网格的质心，以网格质心 j 为起点，i 为终点，则通过"网络计算"模块按要求可以识别最短路径。若图中各路段的通行时间均一致，则从 j 到 i 交通时间最短的路径即"网格 j—道路节点 1—道路节点 2—道路节点 3—道路节点 4—网格 i"。若其中存在设计通行速度较慢的路段，例如设计宽度较窄、路口较多的支路，假设为"道路节点 2—道路节点 3—道路节点 4"路段，则通过网络计算可以自动绕行其他通行速度更高的路段，识别出交通时间最短的通行路径"网格 j—道路节点 1—道路节点 2—道路节点 5—道路节点 4—网格 i"。由此可以识别出北京城市化地区 347 个网格质心点两两之间的最优路径和最短通行时间，形成 OD 矩阵。

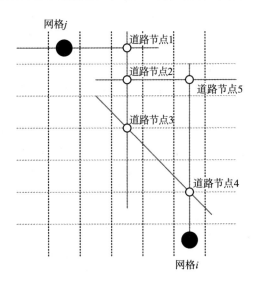

图 3 – 4　基于道路网络的最优路径识别示意

上述 OD 矩阵包含 347 × 347 = 120409 段通行，对于每一个网格质心，都有其到其他任何一个网格质心的道路通行时间（也包括到自己的通行时间，为 0）。统计得，任意两个网格质心之间平均道路通行时间为 31.8 分钟（这是不考虑拥堵时的通行时间）。

第二步，在 OD 矩阵的基础上，利用潜能模型计算各个网格的市场潜力，具体方法是：对于网格 i，筛选出与其交通时间在一定范围之内（例如 30 分钟）的所有网格，包括网格 i 本身，将这些网格中的人口根据网格 i、j 之间的交通时间反向加权求和（网格 i 自身的权重为 1），即

为网格 i 的市场潜力，如式（3.2）所示。

$$MS30\_ROAD_i = \sum_{TIME_{roadij} < 30} \frac{POPULATION_j}{LEVEL\_TIME_{roadij}} \tag{3.2}$$

其中，$POPULATION_j$ 为网格 j 中的人口规模；根据第 2 章的潜能模型，分母为网格 i、j 之间的交通成本，为简便起见，这里 $LEVEL\_TIME_{roadij}$ 为根据网格 i、j 之间的道路通行时间所得的权重，道路通行时间在 15 分钟以内取为 1，在 15 ~ 30 分钟取 2，在 30 ~ 45 分钟取 3，依此类推……事实上，$LEVEL\_TIME_{roadij}$ 直观反映了网格 j 中人口到网格 i 消费的可能性，网格 i、j 之间的道路通行时间越短，则这一可能性越高。

2. 拥堵对市场潜力的影响

前文所述的市场潜力测算方法假定道路网络中不存在拥堵。然而事实上，在诸如北京、上海等大城市，道路拥堵方为常态。3.1.2 节已经阐述了拥堵状况下各个路段的通行时间如何采集和测算，根据这一路段通行速度，用"网络计算"模块重新识别出 347 个网格质心之间的最优通行路径和通行时间，形成拥堵状况下的 OD 矩阵。仍以到天安门所在网格的道路通行时间为例，在上文不考虑拥堵的情况下，各网格到天安门所在网格的时间平均为 23.7 分钟，而在拥堵情况下，这一时间平均为 71.4 分钟。

依据式（3.2）计算拥堵状况下的市场潜力。结果显示，在拥堵时，各个网格所能获得的市场潜力都要大幅度减小，越远离市中心，市场潜力减小的幅度越大。据统计，拥堵状况下各网格的市场潜力比不拥堵时平均减小了 90%，其中，四环内网格的市场潜力平均减小了 83%，四环外网格的市场潜力平均减小了 93%。

3.3.1.2 通过地铁网络形成的市场潜力

与 3.3.1.1 节类似，本节将首先基于北京城市化地区 2 千米 ×2 千米的网格状空间分析单元，构造网格质心之间的地铁通行 OD 矩阵。本书通过百度地图的数据接口采集了地铁网络中各站点两两之间的通行时间，从而在 ArcGIS 中构造地铁网络数据集，计算任意地铁站之间的通行时间。需要说明的是，若起点质心（或终点质心）到最近地铁站之间的道路通行距离（通过道路交通网络数据集计算所得）超过 3 千米，则认为这一起点质心到终点质心之间无法通过地铁通达。

任意两个网格质心之间的地铁通行时间由三部分组成（见图 3 – 5）：从起点网格质心 j 到最近地铁站 A 之间的道路通行时间 $TIME_{roadjA}$（由3.3.1.1 节的道路交通网络计算所得）、从终点网格质心 i 到最近地铁站 B 之间的道路通行时间 $TIME_{roadBi}$，以及上述地铁站 A、B 之间的地铁通行时间 $TIME_{subAB}$，其中，前两者均通过 3.3.1.1 中的道路交通网络数据集计算所得，而后者则由本节的地铁网络计算所得。显然，地铁站 A、地铁 B 之间的最优路径为由地铁站 A 进入地铁线 1，在地铁站 D 换乘地铁线 3 并到达地铁站 B。

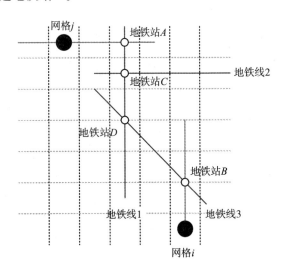

图 3 – 5　基于地铁网络的最优路径识别示意

因此有：

$$TIME_{subji} = TIME_{roadjA} + TIME_{subAB} + TIME_{roadBi} \qquad (3.3)$$

据统计，基于 2014 年末的地铁和道路网络，网格质心之间的平均地铁通行时间为 51.6 分钟。类似地，基于上述地铁通行 OD 矩阵，对于任意网格 i，通过地铁网络形成的市场潜力计算方法如式（3.4）所示。

$$MS30\_SUB_i = \sum_{\substack{ij间地铁可达且 \\ TIME_{subij} < 30}} \frac{POPULATION_j}{LEVEL\_TIME_{subij}} \tag{3.4}$$

3.3.1.3 综合计算市场潜力及地铁网络扩展的影响

本节首先基于 3.3.1.1 节和 3.3.1.2 节测算的通过道路网络获得的市场潜力和通过地铁网络获得的市场潜力综合成各个区位上的市场潜力，这里的主要依据是北京市居民出行结构。据北京交通发展研究院统计，各年北京市民交通出行结构如表 3 – 7 所示。在 2014 年，小汽车出行占全部出行的比例为 31.5%，公交出行占 28.6%，出租车出行占6.2%，以上三种出行方式均依赖道路交通网络，共计 66.3%，而地铁出行占 19.4%，其他出行方式（包括自行车）占 14.3%。

表 3 – 7　　　　　　　　北京市各年度交通出行结构　　　　　　单位：%

年份	小汽车	公交	地铁	自行车	出租车	其他
2000	23.2	22.9	3.6	38.5	8.8	3.0
2005	29.8	24.1	5.7	30.3	7.6	2.5
2006	31.6	24.4	5.8	27.7	8.1	2.4
2007	32.6	27.5	7.0	23.0	7.7	2.2
2008	33.6	28.8	8.0	20.3	7.4	1.9
2009	34.0	28.9	10.0	18.1	7.1	1.9
2010	34.2	28.2	11.5	16.4	6.7	3.0
2011	33.0	28.2	11.5	16.4	6.7	4.2
2012	32.6	27.2	16.8	13.9	6.6	2.9
2013	32.7	25.4	20.6	12.1	6.5	2.7
2014	31.5	28.6	19.4	12.6	6.2	1.7

资料来源：北京交通发展研究院。

由于这是我们要考虑居民在北京城市化地区内的"移动速度",因此忽略用于短程交通的自行车和占比较少的其他出行方式。则在 2014 年,道路交通占出行比重的 77%,轨道交通占出行比重的 23%。[①] 据此加成每一个网格内通过道路网络和地铁网络获得的市场潜力:

$$MS_i = \gamma_{road} MS\_road_i + \gamma_{sub} MS\_sub_i \qquad (3.5)$$

其中,γ_{road} 和 γ_{sub} 分别为道路出行和地铁出行占全部出行的比例,取值为 0.77 和 0.23。由此测算出 2014 年北京城市化地区每一个网格的市场潜力。

2005~2014 年的地铁线路和地铁站按照开通时间分别录入空间数据库,由此可得各个不同时间段内的地铁网络。从 2005~2014 年,北京城市化地区的地铁网络不断加密,开通的地铁站和地铁线路逐年增加,因而,通过地铁可达的区域也逐渐扩大。可以预计,随着新地铁线路的不断开通,各个网格内通过地铁获得的市场潜力也逐渐增加[②],且由表 3-6 可知,地铁出行在北京城市化地区出行结构中的比重也在不断提高。因而,合成后的市场潜力也将增加。[③] 针对北京城市化地区 347 个网格的统计显示,随着地铁网络的不断扩展,通过地铁获得的市场潜力平均增加了 140.53%,而合成后的市场潜力则平均增加了 48.4%;2005 年,通过道路网络获得的市场潜力平均为 354.12 万人,然而在考虑到道路拥堵的情况下仅有 39.44 万人,通过地铁网络获得的市场潜力平均为 53.54 万人;到 2014 年,通过地铁网络获得的市场潜力平均为 128.78 万人,可见在存在道路拥堵的情况下,大规模的轨道交通基础设施建设是提高全局可达性、增大市场潜力的最佳选择。

表 3-8 列出了不同情境下的市场潜力。

第3章　消费活力与交通可达性的度量方法

[①] 后文计算不同年份的市场潜力时,将根据当年的出行结构选择权重。

[②] 假定地铁的速度保持不变,即忽略了 2005~2014 年地铁提速或降速的情况。

[③] 由于道路拥堵数据无法回溯,假定在此期间道路网络及其拥堵程度并无显著变化,因而通过道路获得的市场潜力保持不变。

表 3 - 8　　　　　　　不同情境下各网格市场潜力的描述性统计　　　　单位：万人

变量	定义	均值	标准差
POPLOCAL	网格内人口规模	3.43	3.61
MS30	30 分钟之内通过道路和地铁网络获得的市场潜力	59.98	47.75
MS30_CLEAR	不拥堵的情况下 30 分钟之内通过道路和地铁网络获得的市场潜力	302.29	147.73
MS30_ROAD	30 分钟之内通过道路网络获得的市场潜力	39.44	37.60
MS30_SUB	30 分钟之内通过地铁网络获得的市场潜力	128.78	86.91
MS15	15 分钟之内通过道路和地铁网络获得的市场潜力	14.53	10.26
MS45	45 分钟之内通过道路和地铁网络获得的市场潜力	140.46	91.32
MS60	60 分钟之内通过道路和地铁网络获得的市场潜力	235.84	119.32

3.3.1.4　市场潜力度量的补充变量

前文基于北京城市化地区常住人口在道路和地铁网络中的"移动速度"度量了各个网格的市场潜力，即潜在消费者规模。但对于零售店而言，其潜在消费者可以是一定时间范围内可达的居住者，也可能是一定时间范围内可达的就业者；而对于北京城市化地区的零售店而言，其潜在消费者也可能分布在"城八区"以外。本书针对上述问题构造了两个补充变量，用于后续实证章节的稳健性检验。

（1）利用就业人口度量市场潜力。用就业人口分布代替常住人口分布，通过对就业人口在道路和地铁网络中的移动速度度量市场潜力，得到补充变量 *MS30JOB*，也即每个网格在 30 分钟之内可达的所有就业人口规模。该变量在北京城市化地区的 347 个网格中均值为 67.19，标准差为 53.48，与上文利用常住人口分布度量的 30 分钟之内的市场潜力变量高度相关（相关系数 0.93）。

（2）将郊区人口分布纳入市场潜力度量范围。考虑到北京城市化地区内零售店的消费者有可能来自郊区，由北京市的常住人口分布可知，在北京城市化地区（2 千米 × 2 千米网格涵盖区域）边缘，人口密度并不会陡然减少，而是梯度下降，在道路相通的情况下，郊区人口也会成为北京城市化地区零售店的潜在消费者。因此，上文仅针对北京城市化地区常住人口度量的市场潜力与真实值相比就会产生低估，尤其可能导致北京城市化地区边缘地带的市场潜力产生较大的偏误。

由此，本书将郊区人口纳入市场潜力的度量范围，得到补充变量 $MS30CW$（the city-wide market potential）：对每一个网格，将其 30 分钟内可达的郊区街道人口，按照交通时间反向加权，加入原有的市场潜力中，形成新的市场潜力变量。需要说明的是，由于道路拥堵的监测点仅分布在城市化地区以内，所以当全局尺度市场潜力的度量扩展到以全市人口为基础时，为保持道路网络相关数据的一致性，仅根据道路通畅时的通行速度度量通过道路形成的市场潜力；又由于地铁网络也基本位于城市化地区之内，因此，即便将人口基础扩展到全市范围，实际上通过地铁网络形成的市场潜力增量也极少。不考虑交通拥堵时，全市范围内通往城市化地区各个网格的潜在消费者规模大幅上涨，远高于通过地铁网络形成的市场潜力。

综合考虑以上因素，在计算补充变量 $MS30CW$ 时，考虑的是全市人口在道路网络（忽略地铁网络）中的移动速度（且不考虑拥堵）。与仅根据城市化地区人口度量的市场潜力相比大幅提高，但是，空间分布规律仍然相似。两者的相关系数对于五环内网格而言为 0.87，对于五环外网格而言为 0.83。由此可知，将市场潜力的度量基础——人口分布限制在城市化地区范围之内，虽然会导致一定程度上的低估，但这可能是一种系统性的低估，在空间上并无显著差异，因此，对于模型系数估计的影响有限。结合数据方面的诸多限制，本书仅将这一补充变量用于稳健性检验。

3.3.2 局部可达性与连通性的度量

在给定市场潜力的前提下，一个网格内将市场潜力转化为周边消费者的能力越高，消费活力也就越强。这种"转化"能力，取决于城市局部可达性（local accessibility），或者称为"连通性"。本节针对城市局部的土地和交通规划，度量连通性，主要有两个方面：一是由局部路网规划导致的步行友好性，通过路网密度和路网中不同类型道路的结构来衡量；二是城市局部停车设施的供给量与便捷性。其中，路网密度对于利用路面交通出行和利用轨道交通出行的消费者在出行"末梢"上的便利性均有重要影响：对于驾车出行群体，密集的路网有利于分散拥堵风险，小路也可能意味着更多的路边停车位；对于公交车或地铁出行群体，密集的路网有利于提高从交通系统到最终消费目的地之间的步行舒适程度。而停车便捷程度则主要影响私家车出行群体在出行"末梢"上的便利程度。

3.3.2.1 局部路网密度与步行友好性

从日常城市生活中可以观察到，在城市局部尺度例如街区内，路网越是密集，街巷胡同越是四通八达，则越有利于人们在街区内的步行活动，人们从交通网络出发到达最终目的地——消费场所也就更便捷。无论是从地铁站通往消费场所，还是从停车场通往消费场所，其便捷性都将受惠于路网的密集程度。基于城市局部的路网，本书用两个主要变量度量步行友好性。

（1）道路节点的密度。路网的密度或者街巷胡同四通八达的程度，最直观的表现即为道路节点的密度，也就是一个网格内"十字路口"的数量。

（2）"小路"的密度。直观地看，道路越宽，车道数越多，越不利于人们的步行活动。根据表 3－1 中对北京城市化地区所有道路类型的划分和设计参数，将设计宽度最小，在 15～30 米之间的"支路"归类为"小路"（PATHS），其余为"大路"（HIGHWAY）统计各个网格内"小路"和"大路"各自的总长度。

3.3.2.2　停车便捷性

停车便捷程度对于驾车出行的群体而言，是局部可达性最为重要的一个方面——是否具有便捷且充足的停车设施，很大程度上决定了私家车驾乘人员是否会选择某区位进行消费活动，因而也就成为该区位与交通网络之间连通性的重要决定因素。这也是众多商场、购物中心要尽可能配置停车场的重要原因。根据本书所采集到的停车场数据，用两个指标来度量停车设施的便捷程度。一是由于停车数据中仅包含大型停车场，而没有街边车位，停车场数量较少，一些网格内并没有停车场数据收录，因而，本书用网格质心到最近停车场的距离来度量（$D\_PARKING$）；二是网格内所有停车场的停车位总数对单位时间停车费用的反向加权，作为车位供给指数（PA_INDEX）。式（3.6）中，N_j 为停车场 j 的车位总数，$PRICE_j$ 为停车场 j 的单位时间停车费用。

$$PA\_INDEX_i = \sum_j \frac{N_j}{PRICE_j} \tag{3.6}$$

表 3-9 归纳了局部尺度上连通性相关变量的描述性统计特征。

表 3-9　　　　　连通性相关变量的描述性统计

变量	定义	均值	标准差
$JUNCTION$	网格内道路节点的个数（个）	186.33	174.95
$PATHS$	网格内小路的长度（千米）	26.54	15.77
$HIGHWAY$	网格内大路的长度（千米）	4.40	4.56
$D\_PARKING$	网格质心到最近停车场的距离（千米）	3.40	3.61
PA_INDEX	网格内车位供给指数	237.15	567.06

3.4　本章小结

本章主要介绍了本书所采用的基础数据，并进行消费活力、全局和局部可达性的度量，为第4、5、6章的实证研究进行数据准备。本书有关消费活力的基础数据来源于大众点评网，由于网站收录原始数据工作进度及收录特征的原因，本书的研究期间为2005～2014年，且越靠近2005年，数据的偏误越大，因而，后文将有许多模型仅使用2014年的截面数据。本书用零售店的数量和多样性度量消费活力，其中，出于数据质量的考虑，在实证模型中主要采用餐饮店的多样性指标（将所有零售店的多样性指标作为稳健性检验）；根据零售店的集聚程度，本书进一步区分了高度集聚的购物中心和低集聚程度的沿街零售店，同样由于数据质量的约束，也仅针对餐饮店区分其是否"沿街"。

本章利用道路和轨道交通网络度量全局可达性，也即居民在交通网络中的移动速度，从而估算各个区位上的市场潜力。市场潜力的基本含义为，在一定时间范围内可达的所有空间分析单元，将其中的人口按照相互之间的交通时间进行反向加权求和。本书分别利用道路交通和轨道交通计算了市场潜力，并根据北京市结构进行综合。测算中发现，交通拥堵对市场潜力产生了严重的损害，而在普遍拥堵的情况下，轨道交通网络的不断扩展很大程度上缓和了拥堵带来的负面影响。

本章利用路网和停车场相关数据度量了局部尺度的连通性，也即消费者在出行"末梢"的便捷性，在后文的实证研究中对于"市场潜力"的转化将起到重要作用；利用路网中道路节点的密度和小路的长度，主要度量了公共交通出行的消费者在出行"末梢"的便捷程度；而利用停车场数据构造了停车便捷性的相关指标，主要度量了私家车出行的消费者在出行"末梢"的便捷程度。

第4章

市场潜力对消费活力的
影响效应研究[*]

第 4 章和第 5 章将按照从全局到局部的逻辑，递进地展开研究。本章将专注研究全局可达性，暂不考虑局部可达性，首先实证验证市场潜力对于提高消费活力的全局效应。第 5 章将在控制了全局可达性的前提下（给定一定的全局可达性），进一步探讨潜在消费者如何通过城市局部的连通性转化为周边消费者，评估局部可达性对于这个转化能力的影响。

4.1 市场潜力对消费活力的影响
机制与效应分析

4.1.1 实证分析思路与模型设定

利用北京城市化地区各个空间分析单元中消费活力以及市场潜力的

* 本章部分研究成果已发表于 SSCI 期刊 *Journal of Housing Economics* 2016 年第 33 期。

测算结果，以各个空间分析单元中零售店的数量和多样性分别作为被解释变量，以市场潜力作为解释变量，探讨市场潜力在解释各区位消费活力的差异之中能够起到怎样的作用。本节的实证采用对数模型形式的截面数据模型（2014 年）如下：

$$\ln(N\_CON_i) = \alpha_0 + \alpha_1 \ln(MS30_i) + \alpha_2 X_i + \alpha_3 L_i + \varepsilon_i \qquad (4.1)$$

其中，N_CON_i 表示空间分析单元 i（2 千米 × 2 千米的网格）内所有零售店的数量；$MS30_i$ 表示在 30 分钟之内可以通过道路和地铁网络到达网格 i 的总人数，4.2 节将进一步探讨不同市场范围尺度下市场潜力的影响，例如 45 分钟之内可达的总人数和 60 分钟之内可达的总人数；X_i 表示网格 i 的其他区位属性，包括该网格质心到市中心天安门的距离，网格 i 内的公共开敞空间面积等；L_i 指网格 i 所在街道的虚拟变量，用以控制各个空间分析单元之间在不可观测因素上的差异。市场规模越大，网格内的消费活力供给者越容易满足进入市场的最低门槛要求，在本章假定市场潜力转化为真实市场规模的能力在各区位上近似相同（第 5 章将放松这一假设），那么市场潜力越大，网格内零售店的数量也就越多，因而 α_1 将显著为正。

为进一步验证市场潜力这一全局指标的作用，这里做一个对照分析。将市场潜力这个全局的指标替换为网格 i 内的人口密度 $POPLOCAL_i$，得：

$$\ln(N\_CON_i) = \alpha_0^* + \alpha_1^* \ln(POPLOCAL_i) + \alpha_2^* X_i + \alpha_3^* L_i + \varepsilon_i \quad (4.2)$$

之后比较 α_1 和 α_1^* 这两个系数，若网格内零售店的消费群体主要局限在较小范围之内，例如该网格之内，则零售店数量对于本地人口增加的敏感性要高于全局尺度上的市场潜力，也即 $\alpha_1^* > \alpha_1 > 0$；反之，若网格内零售店的消费群体不仅限于其周边区域，则零售店数量对于全局尺度上市场潜力的敏感性要高于本地人口规模，也即 $0 < \alpha_1^* < \alpha_1$。

相应的，也将单独对餐饮类店铺按照式（4.1）和式（4.2）进行回归，分析市场潜力对餐饮类店铺数量的影响效应。

之后，将零售店的数量替换为多样性，进一步验证市场潜力对提高多样性的作用。根据 3.2 节，由于数据质量所限，本书对零售店多样性的度量主要针对餐饮店展开，而针对所有零售店类型的多样性度量则作为稳健性检验。实证方程如式（4.3）和式（4.4）所示。$CUISINE_i$ 为网格内菜系的种类数，$DIVERSITY_i$ 为网格内的多样性指数（Shannon-Index）。市场潜力越大，相对"小众"的餐馆（这里指餐馆所属的菜系）就越容易满足其进入市场的门槛，因为网格内的多样性水平也就越高。因此可以预计，市场潜力的系数 $\alpha_1^{\#}$ 和 $\alpha_1^{\&}$ 都将显著为正。

$$\ln(CUISINE_i) = \alpha_0^{\#} + \alpha_1^{\#}\ln(MS30_i) + \alpha_2^{\#}X_i + \alpha_3^{\#}L_i + \varepsilon_i \qquad (4.3)$$

$$\ln(DIVERSITY_i) = \alpha_0^{\&} + \alpha_1^{\&}\ln(MS30_i) + \alpha_2^{\&}X_i + \alpha_3^{\&}L_i + \varepsilon_i \qquad (4.4)$$

针对北京城市化地区内的 347 个空间分析单元，本节实证研究所涉及的变量描述性统计如表 4－1 所示。

表 4－1　　　　　北京城市化地区内各空间分析单元相关变量描述性统计

变量	定义	均值	标准差
N_CON	网格内零售店的数量（个）	796.29	1102.68
N_REST	网格内餐饮店的数量（个）	255.58	439.93
CUISINE	网格内餐饮店的多样性（以菜系种类度量）	14.44	7.29
DIVERSITY	网格内餐饮店的多样性（以 Shannon-Index 度量）	1.76	0.66
POPLOCAL	网格内人口规模（万人）	3.43	3.61
MS30	30 分钟之内通过道路和地铁网络获得的市场潜力（万人）	59.98	47.75
D_CENTER	网格质心到市中心天安门的距离（千米）	16.00	7.39
OPENSPACE	网格内的公共开敞空间面积（平方千米）	0.33	0.42

4.1.2　市场潜力对零售店数量和多样性的影响效应分析

表 4－2 报告了式（4.1）和式（4.2）的回归结果。方程（1）以空间分析单元内的零售店总数为被解释变量，*D_CENTER* 为网格质心到

市中心天安门的距离，$\ln(D\_CENTER)$ 的系数为 -0.685，在 1% 的置信度下显著，意味着到市中心的距离每减少 1 个百分点，网格内的零售店总数增加 0.685 个百分点。$OPENSPACE$ 为网格内的公共开敞空间面积，公共开敞空间对网格内的消费活力有两个方向的影响：一方面，公共开敞空间对于店铺（例如商场等）而言会有土地使用面积的挤出效果，导致商业用地供给减少；另一方面，公共开敞空间会鼓励周边居民的户外活动，并促进居民的消费需求。表 4-2 中的方程（1）中 $\ln(OPENSPACE)$ 的系数在 1% 置信度下显著为正，意味着公共开敞空间鼓励居民消费的作用大于其挤出商业用地的负面影响。$MS30$ 为市场潜力，即 30 分钟之内可达的人口总量，$\ln(MS30)$ 的系数为 1.342，在 1% 置信度下显著为正，即 30 分钟之内可达的人口规模每提高 1 个百分点，网格内零售店的总量增加 1.342 个百分点（市场潜力每增加 1 个标准差，零售店的总量增加 0.77 个标准差），市场潜力的增加显著提高了消费活力，这一结果与预期相符。

表 4-2　　市场潜力对增加零售店数量的影响效应实证结果

变量	方程（1） $\ln(N\_CON)$	方程（2） $\ln(N\_CON)$	方程（3） $\ln(N\_REST)$	方程（4） $\ln(N\_REST)$
$\ln(D\_CENTER)$	-0.685*** (0.200)	-1.152*** (0.114)	-1.515*** (0.270)	-0.838*** (0.169)
$\ln(OPENSPACE)$	0.0562*** (0.0129)	0.0251** (0.0110)	0.0494*** (0.0175)	0.0150 (0.0163)
$\ln(MS30)$	1.342*** (0.134)		0.757** (0.391)	
$\ln(POPLOCAL)$		0.731*** (0.0422)		0.531*** (0.0625)
常数项	-4.213 (3.325)	10.52*** (1.329)	16.54*** (4.491)	8.156*** (1.969)
街道固定效应	是	是	是	是
样本量	347	347	347	347
拟合优度 R^2	0.717	0.805	0.390	0.495

注：（1）回归方程中依据网格所在行政区进行聚类异方差分析；（2）括号中为 t 统计量；（3）***、** 分别表示估计结果在 1%、5% 的置信度下显著。

表 4-2 中的方程（2）将全局尺度的市场潜力 *MS*30 替换为本地人口规模（*POPLOCAL*），系数降低了 45.5%[①]，意味着消费活力对全局尺度市场潜力的敏感性要远高于对本地人口规模的敏感性。由此可见，城市任何一个区位上的零售店，其潜在消费者都绝不仅限于其周边区域。城市的交通网络提高了居民在城市空间中的流动性，也扩大了零售商、餐馆、电影院等零售店所面向的市场范围。基于交通网络可达性的分析揭示出：在考虑零售店所面向的市场范围时，以交通时间来度量的市场范围可能比以空间距离来度量的市场范围更为重要，即便空间距离较远，但良好的轨道交通网络、通畅的道路交通，会大大缩短消费者与零售店之间的实际通行时间。

表 4-2 中的方程（3）和方程（4）着重针对餐饮店，重复上述实证分析。结果表明，市场潜力每提高 1 个百分点，餐馆总数将增加 0.757 个百分点（市场潜力每提高 1 个标准差，餐馆总量将增加 0.35 个标准差）。类似地，餐馆数量对这个全局尺度市场潜力的敏感性要远高于对本地人口的敏感性（后者仅为前者的 70%）。当然，直观地来看，餐饮店相对而言更具有为其周边居民提供服务的特征，因此，4.2 节将会根据集聚形态加以区分，探讨其中的异质性。

表 4-3 以餐饮店的多样性作为被解释变量，报告了式（4.3）和式（4.4）的回归结果。这里分别以菜系的种类数和多样性指数来度量餐饮店的多样性，两者的实证结果高度一致，市场潜力不仅增加了零售店的数量，也提高了零售店的多样性。

---

① 对 $\ln(MS30)$ 和 $\ln(POPLOCAL)$ 的系数进行 t 统计量检验，适用近似体检验 $t = \dfrac{u_1 - u_2}{\sqrt{\dfrac{s_1^2}{n_1} + \dfrac{s_2^2}{n_2}}} = 81.01$，意味着两者存在显著差异。

城市空间中的消费活力与区位价值

表 4 - 3　　　　　　市场潜力对提高零售店多样性的影响效应实证结果

变量	方程（1） ln(*CUISINE*)	方程（2） ln(*CUISINE*)	方程（3） ln(*DIVERSITY*)	方程（4） ln(*TYPE*)
ln(*D_CENTER*)	-0.460 *** (0.113)	-0.217 *** (0.0715)	-0.0902 *** (0.0192)	-0.0185 *** (0.0031)
ln(*OPENSPACE*)	0.0322 *** (0.00749)	0.0161 ** (0.00695)	0.00208 (0.00127)	0.0206 *** (0.00497)
ln(*MS*30)	0.260 *** (0.0286)		0.228 *** (0.00525)	0.250 *** (0.0514)
ln(*POPLOCAL*)		0.129 * (0.0762)		
常数项	5.017 *** (1.884)	2.345 *** (0.845)	0.203 (0.319)	0.530 *** (0.155)
街道固定效应	是	是	是	是
样本量	339	339	339	347
拟合优度 R^2	0.380	0.499	0.285	0.337

注：（1）回归方程中依据网格所在行政区进行聚类异方差分析；（2）括号中为 t 统计量；（3）***、** 和 * 分别表示估计结果在1%、5%和10%的置信度下显著；（4）有8个网格缺少餐饮店分类统计的数据，因而不在表中方程（1）、方程（2）、方程（3）的回归分析范围之内。

表4-3中，方程（1）和方程（2）的回归结果对比了全局尺度市场潜力和本地人口规模对零售店多样性的影响，结果表明，全局尺度的市场潜力增加1个百分点，零售店的菜系种类增加0.260个百分点，这一影响效应要高于本地人口规模的影响。方程（3）以多样性指数度量多样性，这一变量的量纲与 *CUISINE* 并不相同，难以直接比较估计系数。从标准差变动的角度，全局尺度的市场潜力每增加1个标准差，*CUISINE* 增加0.41个标准差，而 *DIVERSITY* 则增加0.48个标准差，结果较为一致。出于简化的需要，本章后续的实证将仅以网格内菜系的种类数作为多样性的度量。方程（4）用所有零售店的种类（*TYPE*）度量多样性，作为稳健性检验。

本节的实证结果表明，道路和轨道交通网络拉近了不同区位上的居民与零售店的距离，不仅将居民消费活动的范围拓展到整个城市空间，也大大拓展了零售店供给者所面临的潜在消费者范围，为更多数量和多元化零售店进入市场提供了可能。

4.1.3　道路拥堵和轨道交通建设对消费活力的影响效应分析

4.1.2 节的实证分析以 2014 年末北京城市化地区内的 347 个网格为空间分析单元，定量测算了市场潜力对于提高消费活力的效果。结果表明，市场潜力每提高 1 个标准差，零售店的数量将增加 0.35 ~ 0.77 个标准差，而餐饮店的多样性则将提高 0.41 ~ 0.48 个标准差。这些计算是基于综合道路和轨道交通两种交通网络来估算的各个区位的市场潜力。很明显，北京市普遍而严重的拥堵对市场潜力产生了不可忽视的负面影响；而北京市近年来持续大规模的地铁建设则很好地缓解了路面拥堵，为居民出行提供了更多选择，也改善了由地铁网络相联系的各个区位的市场潜力。这里将详细探讨上述两者对市场潜力和消费活力所产生的影响差异。

3.3 节指出，交通拥堵使得北京城市化地区的市场潜力平均降低了80.6%。在假定不存在交通拥堵的情况下，按照前文的回归结果预测各个空间分析单元内零售店的数量，比较该结果与当前市场潜力现状下的预测值，发现前者平均为后者的 12.7 倍。

根据第 3 章的测算，在交通拥堵严重的现状之下，轨道交通建设是提高北京市各个区位空间可达性、提高市场潜力的重要方法。因交通拥堵而受损严重区域，往往是地铁站点稀疏，或者尚未开通地铁的区域。唯一的例外是区域内虽然有地铁线、但却恰好是票价远高于一般轨道交通的机场快轨。假想这样一种情况：北京市并无任何一条轨道交通线路，所有的交通需求都由道路承担，则根据我们的数据，市场潜力将平均降低 43.3%，进一步传导，将会导致消费活力平均减少 51.3%。值得注意的是，目前地铁出行占比仅为23%（见第3章），若提高这一比例，地铁对市场潜力和消费活力的改善将更为可观。

由于零售店的数据来源于2003年创立的大众点评网，而该网站上的数据从2005年开始才逐渐趋于完善。因此，笔者追溯2005年以来北京市地铁和轻轨渐次开通的过程，并探讨其如何通过市场潜力影响消费活力。① 第3章根据各年地铁网络和出行结构详细测算了市场潜力，这里结合实证结果，据此估计了各年的消费活力，如图4－1所示。由于地铁的开通和零售店空间布局的影响等因素本身也会造成人口在城市空间中的重分布，为了避免这种内生问题对实证结果的影响，这里始终基于初始年份（2000年）的常住人口分布，结合地铁网络拓展的情况来测算市场潜力。因此，这里所说"各年的市场潜力"仅仅用来描述不同年份中地铁网络完备状态所带来的市场潜力。从2005～2014年，由于地铁的不断建设和开通导致市场潜力平均增长了48.4%，消费活力平均增长了53.9%。

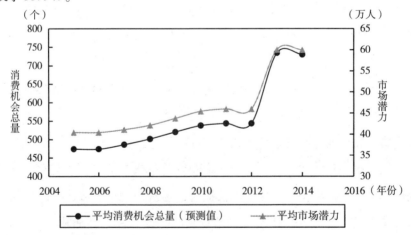

图4－1　地铁渐次开通和相应的市场潜力和消费活力提升

① 本书所用的道路交通网络数据难以追溯到2005年，而事实上在这段时期内路面交通也并无十分显著的变化，因此，笔者假定道路交通网络以及车辆在其中的通行速度和拥堵情况均保持不变。

最后，为便于比较，表4-4列出了不同情境下的市场潜力水平，以及根据回归结果所预测的消费活力（以零售店的总量来度量）水平。

表4-4　　　不同情境下的市场潜力及消费活力水平比较分析

不同情境	市场潜力（万人）		零售店总量（个）（基于回归结果的预测）	
	均值	标准差	均值	标准差
现状	59.99	47.76	729.91	1328.05
不拥堵的"理想"情况	302.29	147.73	4864.17	5309.94
仅有道路且道路拥堵的情况	39.44	37.60	461.94	915.09
2006年地铁网络完备情况	40.43	37.92	474.12	951.37
2008年地铁网络完备情况	42.14	38.61	501.76	982.36
2010年地铁网络完备情况	45.42	39.60	537.71	1006.56
2012年地铁网络完备情况	45.98	40.21	543.45	1036.79

4.2　市场潜力对消费活力影响的异质性分析

本节在4.1节的基础上进一步深入，探讨市场潜力对消费活力影响效应的异质性，主要从两个维度出发：一是按照集聚形态对零售店进行分类；二是根据不同交通时间阈值对市场潜力进行细分和深入讨论。

4.2.1　市场潜力对不同集聚类型消费空间的影响效应分析

本书按照消费空间的集聚形态，分为高度集聚的购物中心以及集聚程度较低的沿街类零售店。不同集聚形态的消费空间所面向的市场范围有明显区别：沿街类零售店所面向的消费者很大程度上限于本地居民，而购物中心的市场范围则要大得多。第 3 章已经交代了对于两者的划分标准，本节针对两者分别考量市场潜力的影响效应，结果如表 4 - 5 所示。表 4 - 5 中，方程（1）和方程（2）以购物中心数量为被解释变量，分别研究全局尺度的市场潜力以及本地人口对其的影响效应，两者的系数均为正，且在 1% 置信度下显著，且全局尺度市场潜力对购物中心数量的影响效应要显著大于本地人口规模（两者在统计意义上有显著差别）。方程（3）和方程（4）以沿街餐馆的数量为被解释变量，这一结果与购物中心完全不同：本地人口规模对沿街餐馆的数量有显著的正向影响，然而全局尺度上市场潜力的影响却并不显著。实证发现，全局尺度的市场潜力每提高 1 个标准差，购物中心的数量将增加 0.45 个标准差，而沿街零售店的数量仅增加 0.02 个标准差且统计意义上并不显著。这证实了不同集聚形态的零售店市场范围存在的差异。

表 4 - 5　　市场潜力对不同集聚形态消费空间的影响效应

变量	方程（1） ln(NMALL)	方程（2） ln(NMALL)	方程（3） ln(NSTREET)	方程（4） ln(NSTREET)
ln(D_CENTER)	- 0.346 ** (0.164)	- 0.502 *** (0.119)	- 1.494 *** (0.247)	- 0.867 *** (0.163)
ln(OPENSPACE)	- 0.00221 (0.0148)	0.00171 (0.0142)	0.0453 *** (0.0164)	0.0156 (0.0159)
ln(MS30)	0.536 *** (0.134)		0.0385 (0.167)	
ln(POPLOCAL)		0.433 *** (0.0875)		0.435 *** (0.0653)
常数项	- 2.089 (2.980)	2.074 (1.704)	17.73 *** (4.116)	9.116 *** (1.930)
样本量	199	199	347	347
拟合优度 R^2	0.392	0.416	0.382	0.454

注：（1）表中回归模型均采用最小二乘法回归；（2）回归方程中依据网格所在行政区进行聚类异方差分析；（3）括号中为 t 统计量；（4）***、** 分别表示估计结果在 1%、5% 的置信度下显著；（5）仅有 199 个网格中分布有购物中心，因而其他网格不在方程（1）和方程（2）的研究范围之内。

4.2.2 不同交通时间范围的市场潜力对消费活力的影响效应分析

此前实证研究所用的"市场潜力"均为"30 分钟之内通过道路和地铁网络可达的人口总数",这里进一步拓展其中的时间尺度,将"30 分钟"分别替换为"15 分钟""45 分钟""60 分钟",检验其对消费活力的影响效应,如表 4 - 6 所示。这里以零售店的总量作为被解释变量,以多样性为被解释变量的实证结果与之相似,不再赘述。由表 4 - 6 可知,"15 分钟之内可达的人口总量"系数为 0.975,其经济含义为该变量每增加 1 个标准差,零售店的数量将会增加 0.50 个标准差。随着时间尺度的拉长,这一影响效果也在增加。然而,这一趋势在 45 ~ 60 分钟内存在一个拐点,此后对消费活力的影响随着时间尺度的拉长开始减小。

表 4 - 6　　　　不同交通时间范围内市场潜力的影响效应

变量	方程（1） ln(NCON)	方程（2） ln(NCON)	方程（3） ln(NCON)	方程（4） ln(NCON)
ln(D_ CENTER)	- 0.685 *** (0.200)	- 1.316 *** (0.175)	- 1.210 *** (0.191)	- 1.289 *** (0.179)
ln(OPENSPACE)	0.0562 *** (0.0129)	0.0677 *** (0.0134)	0.0572 *** (0.0137)	0.0492 *** (0.0138)
ln(MS30)	1.342 *** (0.134)			
ln(MS15)		0.975 *** (0.124)		
ln(MS45)			1.369 *** (0.177)	
ln(MS60)				1.109 *** (0.148)

续表

变量	方程（1） ln（*NCON*）	方程（2） ln（*NCON*）	方程（3） ln（*NCON*）	方程（4） ln（*NCON*）
常数项	-4.213 （3.325）	7.271 *** （2.783）	2.453 （3.490）	-0.822 （3.786）
样本量	347	347	347	347
拟合优度 R^2	0.717	0.690	0.686	0.689

注：（1）表中回归模型均采用最小二乘法回归；（2）回归方程中依据网格所在行政区进行聚类异方差分析；（3）括号中为 t 统计量；（4）*** 表示估计结果在 1% 的置信度下显著。

为便于比较，这里列出了不同时间尺度下市场潜力用于解释零售店数量差异时的方程回归系数，如表 4-7 所示。对于沿街餐馆而言，仅本地（所在的 2 千米×2 千米网格）人口规模对其有显著的影响；对于高度集聚的购物中心而言，全局尺度市场潜力的影响高于本地人口规模，度量市场潜力时的"通行时间"越长，影响效应越大。对购物中心产生显著影响的峰值出现在 30~45 分钟，即在这一时间范围内可达的消费者规模，对购物中心起到了最重要的影响效应。同时，当时间范围超过 45 分钟之后，这一时间范围内的市场潜力对购物中心影响效应的衰减幅度要小于对其他零售店影响效应的衰减幅度。由此也可见，集聚强度最高的购物中心有着最大的市场范围，这也符合第 2 章理论分析的预期——零售店高度集聚的购物中心可以为消费者带来最大的效用，因而具有最大的市场范围。

表 4-7　　　　不同类型零售店对各时间尺度下市场潜力的敏感性分析

样本选择	全部	购物中心	沿街餐馆
本地人口规模	0.731 *** （0.0875）	0.433 *** （0.0875）	0.435 *** （0.0653）
15 分钟内市场潜力	0.975 *** （0.124）	0.522 *** （0.143）	0.200 （0.147）

续表

样本选择	全部	购物中心	沿街餐馆
30 分钟内市场潜力	1.342 *** (0.134)	0.536 *** (0.134)	0.0385 (0.167)
45 分钟内市场潜力	1.369 *** (0.177)	0.590 *** (0.173)	0.200 (0.174)
60 分钟内市场潜力	1.109 *** (0.148)	0.534 *** (0.143)	0.230 (0.209)

注：（1）表中每一个单元格中均为一个独立回归方程，这里仅列出了市场潜力相关变量的回归系数，其他控制变量以及聚类异方差的方法与上文回归方程均相同，不再列出；（2）括号中为 t 统计量；（3） *** 表示估计结果在 1% 的置信度下显著。

4.3 市场潜力对消费活力影响的稳健性检验

前文实证检验中所用的市场潜力度量的是北京城市化地区的常住人口通过道路和地铁网络获得的移动速度，本节将针对其中两个方面进行稳健性检验。第一，将常住人口（居住人口）替换为就业人口；第二，将潜在消费者扩展到北京城市化地区以外，基于北京市全市范围内的人口分布度量市场潜力。具体变量的构造方法见 3.3.1.4 节。

4.3.1 基于就业分布度量市场潜力

事实上零售店的消费者不仅包括其周边可达的居民，也包括就业者。表 4-8 报告了基于就业人口分布度量的市场潜力（$MS30JOB$）对消费活力的影响效应。实证结果表明，就业者形成的市场潜力每提高 1 个百分点，零售店的数量增加 1.33 个百分点（市场潜力每提高 1 个标准差，零售点数量增加 0.76 个标准差），这与以居住人口形成的市场潜力对零售店数量的影响相比是一致且稳健的；类似地，就业者形成的市场潜力对零售店多样性也有显著的正向影响，但是略小于居住人口形成市场潜力的影响。

表 4 - 8 　　　　　　　　由就业人口形成的市场潜力对消费活力的影响效应

变量	方程（1）ln(N_CON)	方程（2）ln(N_REST)	方程（3）ln(CUISINE)	方程（4）ln(DIVERSITY)
ln(D_CENTER)	− 0. 703 *** (0. 195)	− 1. 490 *** (0. 264)	− 0. 446 *** (0. 111)	− 0. 0161 (0. 0463)
ln(OPENSPACE)	0. 0559 *** (0. 0129)	0. 0490 *** (0. 0175)	0. 0320 *** (0. 00748)	0. 0102 *** (0. 00330)
ln(MS30JOB)	1. 330 *** (0. 130)	0. 178 *** (0. 0177)	0. 141 * (0. 0742)	0. 208 *** (0. 0313)
常数项	− 5. 849 * (3. 409)	15. 80 *** (4. 626)	4. 544 ** (1. 940)	− 2. 395 *** (0. 815)
街道固定效应	是	是	是	是
样本量	347	347	339	339
拟合优度 R^2	0. 720	0. 391	0. 382	0. 385

注：（1）回归方程中依据网格所在行政区进行聚类异方差分析；（2）括号中为 t 统计量；（3） *** 、 ** 和 * 分别表示估计结果在 1% 、 5% 和 10% 的置信度下显著。

在实证研究中，由于数据可得性的约束，无法准确识别各个区位零售店的消费者中附近就业者和居住者的比例各占多少，考虑到零售店的空间布局对周边就业产生了反向因果影响，且北京市的就业分布与居住人口分布情况十分相似（见 3.1.5 节），因此，本节仅将就业者形成的市场潜力作为稳健性检验，发现其对消费活力的影响效应与居住者形成的市场潜力高度相似，因此，这一效果是稳健的。

4.3.2　将郊区人口纳入市场潜力的度量范围

由于北京城市化地区与该范围之外的郊区之间事实上并不存在市场

壁垒，因此，市区零售店的消费者也不一定仅局限于市区之内。4.1节和4.2节的实证研究中所使用的市场潜力变量的度量基础是城市化地区的常住人口分布，低估了实际上的"潜在消费者规模"。因此，本节将市场潜力的度量基础拓展为全市范围内的人口分布，实证检验其对消费活力的影响效应，实证结果如表4-9所示。

表4-9　　　　基于全市人口度量的市场潜力对消费活力的影响效应

变量	方程（1） ln(N_CON)	方程（2） ln(N_REST)	方程（3） ln($CUISINE$)	方程（4） ln($DIVERSITY$)
ln(D_CENTER)	-1.146 *** (0.152)	-1.136 *** (0.206)	-0.247 *** (0.0847)	-0.00623 *** (0.00160)
ln($OPENSPACE$)	0.0136 (0.0136)	0.0243 (0.0185)	0.0151 * (0.00774)	0.00239 (0.00334)
ln($MS30CW$)	1.463 *** (0.133)	0.712 *** (0.180)	0.473 *** (0.0759)	0.310 *** (0.0348)
常数项	7.326 *** (2.090)	10.67 *** (2.832)	1.779 (1.172)	-1.276 ** (0.515)
街道固定效应	是	是	是	是
样本量	346	346	338	321
拟合优度 R^2	0.728	0.419	0.443	0.439

注：（1）回归方程中依据网格所在行政区进行聚类异方差分析；（2）括号中为 t 统计量；（3）***、** 和 * 分别表示估计结果在1%、5%和10%的置信度下显著。

其中，变量 $MS30CW$ 即为基于全市范围内的人口分布测算的市场潜力，测算方法见3.1.5节。该变量每增加1个百分点，零售店的数量增加1.463个百分点，多样性增加0.310~0.473个百分点（基于全市人口分布的市场潜力每增加1个标准差，零售店的数量增加0.56个标准差，多样性提高0.4~0.5个标准差），与4.1节的实证结果相比一致且稳健。这意味着将市场潜力所描述的潜在消费者局限在市区范围之内，的确产生了轻微的低估。但如3.1.5节所述，由于数据所限，难以兼顾人口的空间分布范围、交通拥堵以及地铁通行情况，而产生的偏误在空间上也并无显著差异，因此，本书的主要实证结果仍以城市化地区范围内形成的市场潜力为主。

4.4 轨道交通建设提高消费活力的实证研究

根据4.1.3节，从2005～2014年，北京城市化地区内的市场潜力平均提高了48.4%，而消费活力则平均提高了53.9%。我们观察到，道路网络在此时间段内并无显著变化，路面交通的严重拥堵甚至还导致市场潜力受到严重损害；而轨道交通建设在这期间却正是如火如荼，到2014年底，北京市轨道交通网络已是成为世界上第二繁忙的轨道交通系统。[①]从第3章中可知，这期间的地铁建设极大地缓解了由于拥堵导致的出行困难，提高了各个区位的市场潜力，城市化地区内的市场潜力，由于地铁的渐次开通，平均提高了48.4%。

由此可以推断，轨道交通建设是提高北京市各处消费活力的重要因素。地铁的开通首先惠及沿线站点周边区域，使得原本只能依靠地面交通出行才能通达的区域，通过地铁而大幅提高了全局可达性，使得城市其他区位的居民都获得了通往这些地铁站点周边区域的更多选择，这就意味着市场潜力的提高。而地铁站点周边区域市场潜力的提高，无疑将推动消费活动的繁荣。本节将针对这些地铁站周边区域，探讨地铁在从无到有的过程中，消费活力产生了怎样的变化。由于本节实证将追溯北京市地铁网络自2005年以来在拓展历程中对站点周边消费活力的影响，

---

① Xu Y, Zhang Q, Zheng S. The Rising Demand for Subway after Private Driving Restriction: Evidence from Beijing's Housing Market. *Regional Science and Urban Economics*, Vol. 54, 2015, pp. 28–37.

根据 3.1.2 节，餐馆数据在收录过程中所导致的偏差最小，因此，本节将针对餐馆数据展开。

4.4.1 实证分析思路与模型设定

本节的实证分析不同于上文，以 2 千米 × 2 千米的网格为空间分析单元。本节着眼于 2003 年之后新增的 167 个地铁站，以每一个地铁站为圆心，400 米为半径划出的圆形区域，作为本节的空间分析单元。选择2003 年后新增的地铁站，是因为这些地铁站的规划、建设期相对集中，社区的商业和人居环境方面比起 20 世纪就已开通的地铁站周边，具有更多的相似性。选择 400 米为半径，是因为这一范围是步行可达的最佳范围（Alshalalfah & Amer，2007）。当然，本节还将分别选择 800 米半径范围和 1200 米半径范围作为稳健性检验。

针对这 167 个新增地铁站，构造 0—1 变量 *CONNECT*，度量其在每一个时间节点上开通与否。在每个地铁站周边 400 米范围之内，统计每年新增的餐馆数（*OPENING*），将其变化与该区域内地铁开通与否进行对照分析。从数据来看，在这 167 个地铁站周边 400 米范围之内，地铁站开通之前，每年新开餐馆平均为 2 家，地铁站开通之后，每年新开餐馆平均为 10 家。从 2 家到 10 家，除了时间趋势之外，地铁站的开通起到了不可忽视的作用，如式（4.5）所示。

$$OPENING_{ijt} = f(\alpha_0 + \alpha_1 CONNECT_{jt} + g_{ij} + T_t + e_{ijt}) \qquad (4.5)$$

其中，$OPENING_{ijt}$ 为地铁线 j 上的站点 i 周边 400 米范围内在 t 年内新增的餐馆数，γ_{ij} 为地铁站 i 的固定效应，用以控制不随时间变化的不可观测因素导致的地铁周边区域在每年新增餐馆数上的差异，T_t 为所在年份的虚拟变量，用以控制时间趋势。地铁站开通之后（$CONNECT = 1$），站点周边区域通过地铁网络可达的空间范围扩大，且由于地铁的可达，道路拥堵对这些区域市场潜力的损害作用得到一定程度的抵消，这些区域的市场潜力从而增加，根据4.1节的实证结果，预计 α_1 将显著为正。

需要注意的是，上述实证方案存在显然的内生性问题：在本书研究所覆盖的时间范围内，除了轨道交通建设之外，其他大规模基础设施建设也同样对塑造和改变城市空间结构起到了重要作用，如建设"奥运村"、拆除"城中村"等，改变了人口和收入在空间上的分布，通过城市更新推动了所在区域的土地价值和商业繁荣（Zheng Siqi & Matthew，2013）。而上述这些基础设施建设的选址有可能与地铁站选址存在一定程度的相关性，这就意味着，式（4.5）所示的实证方案中可能遗漏了一些随时间变化的不可观测因素，从而导致 α_1 的估计产生偏误。针对这一问题，本节采取两种方法加以解决。

第一，在式（4.5）中进一步引入时间序列与所在行政区变量的交叉变量 $T_t \times L_i$，从而控制地铁站所在行政区内随时间变化的不可观测因素，如式（4.6）所示。

$$OPENING_{ijt} = f(\alpha_0^{\&} + \alpha_1^{\&} CONNECT_{jt} + \gamma_{ij} + T_t + T_t \times L_i + \varepsilon_{ijt}) \quad (4.6)$$

其中，L_i 为指代地铁站点 i 所在行政区的虚拟变量。

在此基础上，放松地铁站固定效应，如式（4.7）所示，可进一步得到地铁站之间的异质性。

$$OPENING_{ijt} = f(\alpha_0' + \alpha_1' CONNECT_{jt} + \alpha_2' X_{ij} + \delta_j + T_t + T_t \times L_i + \varepsilon_{ijt})$$

$$(4.7)$$

其中，用地铁线路固定效应（δ_j）代替地铁站固定效应（γ_{ij}），同时加入地铁站及其所在区位的属性（X_{ij}），包括地铁站所在街道的人口密度（$POP\_DENSITY$）、地铁站到市中心（天安门）的距离（D_CENTER）等。

此外，笔者还将地铁站按照所在区位划分为四环以内（共83个地铁站）和四环以外（共84个地铁站）两个子样本，分别回归，作为异质性分析的另一个方法。

第二，除了地铁站点周边 400 米的研究范围之外，利用地铁站周边 400~800 米以及 800~1200 米的环状范围，构造局部双重差分（local DID）方程，如式（4.8）所示。

$$OPENING_{ijt} = f(\gamma_0^* + \gamma_1^* CONNECT_{jt} + \gamma_2^* CONNECT_{jt} \times BUFFER(400,800)$$
$$+ \gamma_3^* CONNECT_{jt} \times BUFFER(800,1200)$$
$$+ \gamma_4^* BUFFER(400,800) + \gamma_5^* BUFFER(800,1200)$$
$$+ \gamma_{ij} + T_t + T_t \times L_i + \varepsilon_{ijt}) \tag{4.8}$$

其中，$BUFFER$（400，800）、$BUFFER$（800，1200）为虚拟变量，意为"是否位于距离地铁站点 400~800 米的环状范围之内"和"是否位于距离地铁站 800~1200 米的环状范围之内"。若餐饮类消费活动的繁荣是由于新开通地铁站带来的增量，则预计离地铁站最近的区域内（地铁站周边 400 米之内），餐馆新增数目最多，而在距离地铁站最远的区域内（距离地铁站 800~1200 米的环状范围），餐馆新增数目最少，也即有 $0 > \gamma_2^* > \gamma_3^*$。

此外，参照 4.1 节和 4.2 节的市场潜力变量构造方法，将 0—1 变量 $CONNECT$ 替换为连续变量 $MARKET\_SIZE$，与上文的 $MS30$、$MS45$、$MS60$ 等变量有所区别，这里以地铁站为研究对象，仅探讨每一个地铁站通过地铁网络所获得的市场潜力，也即针对每一个已经开通的地铁站，将与其通过地铁相连的其他所有地铁站周边 400 米范围之内的人口[①]，按照地铁通行时间进行反向加权。

第三，将被解释变量 $OPENING$ 替换为多样性度量——餐馆所属菜系的种类数目（$CUISINE$），重复上述的实证方案。市场潜力越大，就越能支撑进入门槛较高的小众类零售店，零售店的多样性也就越高，因而也预计有与数量方程相类似的估计结果。

具体相关变量的描述性统计如表 4－10 所示。

① 此处的人口为地铁站所在街道的人口密度，乘以空间分析单元的面积（$\pi \times 400^2$ 平方米），街道人口密度来源于 2000 年第五次人口普查。

表 4 - 10　　　　　　新开通地铁站及其周边区域相关变量的描述性统计

变量	定义		均值	标准差
CONNECT	地铁站在当年是否开通：开通 = 1；未开通 = 0		0.335	0.472
MARKET_SIZE	地铁站开通后通过地铁网络获得的市场潜力（其他所有地铁站周边 400 米范围内人口根据地铁通行时间反向加权）（万人）		2.85	1.23
OPENING	地铁站周边区域每年新增的餐馆数目（个）	BUFFER（0，400）	4.63	9.07
		BUFFER（400，800）	6.72	13.26
		BUFFER（800，1200）	2.87	7.84
CUISINE	地铁站周边区域餐馆的多样性（所属菜系的种类数）（种）	BUFFER（0，400）	4.10	4.65
		BUFFER（400，800）	5.22	5.33
		BUFFER（800，1200）	2.68	3.68
POP_DENSITY	地铁站所在街道的人口密度（万人/平方千米）		1.00	0.97
D_CENTER	地铁站到城市中心（天安门）的距离（千米）		15.31	7.92

4.4.2　地铁开通对站点周边消费活力影响效应的实证分析

表 4 - 11 按照式（4.5）的实证方案，报告了地铁开通对站点周边消费活力影响的实证结果。方程（1）以地铁站点周边 400 米范围内当年新增的餐馆数量为被解释变量，选取负二项回归模型，控制了地铁站固定效应和年份固定效应。CONNECT 的系数反映了地铁站开通之后，每年新开餐馆数的增加量，该系数显著为正。根据负二项回归的定义，该值的经济含义为，开通地铁站之后，其周边 400 米范围内每年新开的餐馆数比开通地铁站之前增加了 $\exp(0.171) - 1 = 18.6\%$ 。

表 4-11　　　　地铁开通对站点周边餐馆新增量和多样性的影响效应

变量	方程（1） *OPENING*	方程（2） *OPENING*	方程（3） ln(*CUISINE*)
CONNECT	0.171 ** (0.0808)	0.168 ** (0.0839)	0.237 ** (0.0944)
常数项	-1.576 *** (0.383)	-3.760 *** (1.085)	-1.446 *** (0.332)
回归方程形式	负二项回归	负二项回归	最小二乘法回归
地铁站固定效应	是	是	是
地铁线固定效应	否	否	否
年份固定效应	是	是	是
年份×行政区固定效应	否	是	是
样本量	1503	1503	1503
地铁站数量	167	167	167
LR（chi2）	2138.69	2338.15	
Prob > chi2	0.0000	0.0000	
拟合优度/调整后 R^2	0.2937	0.3211	0.848

注：（1）回归方程中依据地铁站所在行政区做聚类异方差分析；（2）括号中为 t 统计量；（3）*** 、** 分别表示估计结果在 1%、5% 的置信度下显著。

　　然而前文也提到，可能存在很多随时间变化的不可观测因素导致对地铁站开通效应估计的偏误，方程（2）报告了式（4.6）的回归结果，增加了年份与地铁站所在行政区的交叉项，用以控制所在行政区内随时间变化的不可观测因素。*CONNECT* 的系数从 0.171 减小到 0.168，但依然显著为正。这表明，一些不可观测且随时间变化的因素导致地铁站开通的效果被高估，例如，"城中村"的拆除与改造、奥运场馆和相关设施的建造等确实与地铁站的开通存在相关性，且共同促进了特定区位的商业繁荣和城市更新。但是，通过对行政区内这些不可观测因素的控制，地铁站对提高消费活力依然存在显著效果，平均而言，地铁站开通之后，周边的新开餐馆数增加了 exp(0.168) - 1 = 18.3%。

　　方程（3）将被解释变量替换为地铁站周边 400 米范围内的餐馆多样性

指标——菜系的种类数目，采用最小二乘法（OLS）回归。*CONNECT* 的系数为 0.237，在 5% 置信度水平下显著。其经济含义为，在控制时间趋势、地铁站固定效应以及所在行政区内随时间变化的不可观测因素的基础上，开通地铁站之后，其周边 400 米范围内的餐馆多样性平均提高了 26.7%。

表 4 – 11 报告了地铁站开通促进周边消费活力的平均效果，表 4 – 12 和表 4 – 13 报告了不同地铁站开通促进消费活力的异质性分析结果。这两个表格中的方程（1）均为放松地铁站固定效应，代之以地铁线固定效应，并加入地铁站相关的区位属性。可见，到市中心距离越小，地铁站周边的人口密度越高，消费活力也就越高。而在放松地铁站固定效应之后，变量 *CONNECT* 的回归系数都有大幅的提高，这表明同一条地铁线路上的地铁站之间在商业繁荣程度和消费活力方面可能存在巨大的差异。因而，进一步地，在表 4 – 12 中，方程（2）和方程（3）分别对四环以内和四环以外的地铁站进行回归。结果表明，四环以内的地铁站开通会使周边 400 米范围内每年新开的餐馆数增加 $\exp(0.251) - 1 = 28.5\%$，且在 1% 置信度下显著，而四环外的地铁站开通对周边新开餐馆数的促进作用则并不显著。表 4 – 13 中方程（2）和方程（3）的回归结果也与之类似，四环内的地铁站开通对周边餐馆的多样性有显著的提升作用，而四环外地铁站开通的效果则并不显著。可能我们直观上会认为在城市郊区修建地铁站的边际效应更加突出，但事实上，郊区的人口密度小、地铁网络稀疏，通过地铁能够"联系"的人口总量相应较小，地铁站开通的效果也就比市中心的地铁站更小。

表 4 – 12　　地铁开通对站点周边餐馆新增量影响效应的异质性分析

变量	方程（1）全部样本	方程（2）四环以内	方程（3）四环以外
CONNECT	0.249 **	0.251 ***	0.0437
	(0.111)	(0.0879)	(0.194)
$\ln(D\_CENTER)$	– 0.594 ***		
	(0.110)		

变量	方程（1）全部样本	方程（2）四环以内	方程（3）四环以外
ln(POP_DENSITY)	0.535 *** (0.0617)		
常数项	0.552 (1.084)	1.658 ** (0.664)	-3.531 *** (1.113)
地铁站固定效应	否	是	是
地铁线固定效应	是	否	否
年份固定效应	是	是	是
年份×行政区固定效应	是	是	是
样本量	1314	747	756
地铁站数量	146	83	84
LR（chi2）	1267.21	1200.40	948.98
Prob > chi2	0.0000	0.0000	0.0000
拟合优度/调整后 R^2	0.1971	0.2698	0.3756

注：（1）方程被解释变量为地铁站周边400米范围内每年新增的餐馆数，采用负二项回归；（2）回归方程中依据地铁站所在行政区做聚类异方差分析；（3）括号中为 t 统计量；（4）*** 、** 分别表示估计结果在1%、5%的置信度下显著。

表4-13　　　地铁开通对站点周边餐馆多样性影响效应的异质性分析

变量	方程（1）全部样本	方程（2）四环以内	方程（3）四环以外
CONNECT	0.356 *** (0.122)	0.199 ** (0.0997)	0.202 (0.175)
ln(D_CENTER)	-0.460 *** (0.113)		
ln(POP_DENSITY)	0.748 *** (0.0589)		
常数项	0.600 (0.468)	0.149 (0.492)	-2.039 *** (0.368)
地铁站固定效应	否	是	是
地铁线固定效应	是	否	否
年份固定效应	是	是	是

样本选择	方程（1） 全部样本	方程（2） 四环以内	方程（3） 四环以外
年份×行政区固定效应	是	是	是
样本量	1314	747	756
地铁站数量	146	83	84
拟合优度/调整后 R^2	0.685	0.823	0.795

注：（1）方程被解释变量为地铁站周边 400 米范围内餐馆的多样性，取其对数值，采用线性最小二乘法回归；（2）回归方程中依据地铁站所在行政区做聚类异方差分析；（3）括号中为 t 统计量；（4）*** 、** 分别表示估计结果在 1%、5% 的置信度下显著。

表 4 - 14 将反映地铁开通与否的 0—1 变量 *CONNECT* 替换为连续变量 *MARKET_SIZE*，度量一个地铁站开通之后能够通过地铁交通网络获得多大的市场潜力，实际上与第 3 章度量每一个 2 千米 × 2 千米网格市场潜力的变量 *MS*30（"30 分钟之内可达的市场潜力"）相似，都是度量全局可达性的变量。实证结果表明，*MARKET_SIZE* 的增加对地铁站周边的新开餐馆数目以及餐馆多样性均有显著的提升效应。据统计，在四环以内，*MARKET_SIZE* 平均为 3.77 万人，而在四环以外，平均为 1.82 万人，仅为前者的 48%。这就证实了前文一个"反直觉"的结论：四环以内地铁开通对消费活力的提升作用要高于四环以外的地铁站——根据表 4 - 14 的回归结果，四环内的地铁站开通之后，站点周边 400 米范围内每年新开的餐馆数是四环外地铁站的 2.19 倍（（3.77/1.82）× exp（0.0557））。

表 4 - 14　　　　从市场潜力的角度解释地铁开通对周边
消费活力的影响效应

变量	方程（1） *OPENING*	方程（2） ln(*CUISINE*)
ln(*MARKET_SIZE*)	0.0557 *** (0.0216)	0.0564 ** (0.0243)
常数项	- 3.621 *** (1.085)	- 1.319 *** (0.335)

续表

变量	方程（1） *OPENING*	方程（2） ln（*CUISINE*）
回归方程形式	负二项回归	最小二乘法回归
地铁站固定效应	是	是
地铁线固定效应	否	否
年份固定效应	是	是
年份×行政区固定效应	是	是
样本量	1503	1503
地铁站数量	167	167
LR（chi2）	2340.79	
Prob > chi2	0.0000	
拟合优度/调整后 R^2	0.3214	0.848

注：（1）回归方程中依据地铁站所在行政区做聚类异方差分析；（2）括号中为 t 统计量；（3）***、**分别表示估计结果在1%、5%的置信度下显著。

表4-15展示了式（4.8）的回归结果。方程（1）以新开餐馆数为被解释变量，*CONNECT* 的系数为0.484，在1%置信度下显著，即地铁开通之后，站点周边400米范围内的新开餐馆数增加了48.4%，而交叉项 *CONNECT* × *BUFFER*（400，800）的系数为-0.162，*CONNECT* × *BUFFER*（800，1200）的系数为-0.787，且在1%置信度下显著。这表明，在距离地铁站400~800米的范围之内，地铁站开通提高消费活力的效果要小于400米以内，而在距离地铁站800~1200米的范围之内，地铁站开通之后新开的餐馆数甚至比开通之前有所减少。方程（2）以餐馆的多样性为被解释变量，回归结果与方程（1）相似。事实上，此前笔者通过回归所估计的地铁站开通对消费活力的提升效应，均为"净增"效应和"重分布"效应共同作用的结果，而表4-15的结果虽然不能将这两者完全区分开，却证实了"重分布"效应的存在：地铁开通之后，在距离站点800~1200米，消费活力可能反而受到削减——一些原本可能在这些区域内开业的餐馆，被吸引到距站点更近（400~800米）的区域。

表 4 – 15 　地铁开通对站点周边消费活力影响效应的
局部双重差分模型分析

变量	方程（1） ln(*OPENING*)	方程（2） ln(*CUISINE*)
CONNECT	0.484 *** （0.122）	0.288 *** （0.0696）
CONNECT × *BUFFER*（400，800）	– 0.162 （0.0974）	– 0.145 （0.0928）
CONNECT × *BUFFER*（800，1200）	– 0.787 *** （0.176）	– 0.485 *** （0.137）
BUFFER（400，800）	0.529 *** （0.0819）	0.463 *** （0.101）
BUFFER（800，1200）	– 0.419 ** （0.176）	– 0.446 ** （0.191）
常数项	– 1.537 *** （0.0645）	– 1.367 *** （0.0783）
地铁站固定效应	是	是
地铁线固定效应	是	是
年份固定效应	是	是
年份×行政区固定效应	4509	4509
样本量	167	167
地铁站数量	0.616	0.651

注：（1）回归方程中依据地铁站所在行政区做聚类异方差分析；（2）括号中为 t 统计量；
（3）*** 、** 分别表示估计结果在 1% 、5% 的置信度下显著。

4.5 　本章小结

本章以一定交通时间范围内可达的人口规模作为市场潜力的度量方
法，暂不考虑局部可达性，检验市场潜力对消费活力的影响。本章实证
研究得出以下主要结论。

第一，市场潜力越大，零售店的数量和多样性水平也就越高。实证表明，对于利用不同人口基数、不同通行时间范围测度的市场潜力，每增加 1 个标准差，零售店的数量将增加 0.35 到 0.77 个标准差，多样性将增加 0.41 到 0.48 个标准差。

第二，揭示了交通拥堵对消费活力的负面影响，在道路完全通畅的理想情况下，消费活力将 10 倍于道路严重拥堵的现状。而针对道路拥堵且土地资源有限的现实，修建地铁显然是缓解拥堵、提高各个区位可达性的有效手段，本章发现地铁网络的拓展使得消费活力提高了 50%。当然，这些实证结果无法区分"净增"效应与"重分布"效应（即地铁建设带来人口、就业和零售店的空间重分布），同时也无法进一步分析消费活力对交通拥堵的反向因果关系，因此，一定程度上高估了拥堵的负面影响和地铁网络的价值。这也是当前数据约束下无法避免的局限性。

第三，不同类型的消费空间对于市场潜力的敏感性有所区别。具有更高集聚特征的购物中心这一类消费空间，相对更依赖全局的市场潜力；而相对分散的沿街类零售店，则更多地面向周边区域消费者。全局尺度市场潜力对购物中心的影响效应约为沿街零售店的 20 倍。

第四，交通时间范围对于度量市场潜力十分重要，选取的时间范围过短或过长，均会低估市场潜力的影响。本章实证表明，30~45 分钟之内可达的潜在消费者规模，对消费活力的影响最大。

第五，轨道交通建设能够有效缓解道路拥堵对市场潜力和消费活力的负面影响，提高各个区位的可达性和市场潜力，对于站点周边区域内消费活力的提高效果尤为显著。开通地铁后周边的消费活力提高了 20%~30%。当然，实证中证实其中存在"重分布"效应——离地铁站较远区域内的零售店被"虹吸"至地铁站周边。

第5章

连通性对消费活力的
影响效应研究

　　本章在控制全局尺度的市场潜力后，进一步研究局部可达性对本地化消费机会的影响。局部尺度的可达性，主要是指街区层面土地和交通系统共同形成的连通性特征，它影响人们从交通系统节点到达最终消费目的地的便捷程度，以及不同交通模式之间转换的便捷程度，从而影响人们消费出行的意愿和行为。本章主要检验了两个连通性指标：路网密度以及停车便捷程度。其中，路网密度对于利用路面交通出行和利用轨道交通出行的消费者在出行"末梢"上的便利性均有重要影响：对于驾车出行群体，密集的路网有利于分散拥堵风险，比起城市干路这样的宽阔道路，小路也往往意味着更多的路边停车位（Litman，2008）；对于公交车或地铁出行群体，密集的路网有利于提高从交通系统到最终消费目的地之间的步行便利程度。而停车便捷程度则主要影响私家车出行群体在出行"末梢"上的便利程度。

5.1 局部路网密度对消费活力的影响效应研究

5.1.1 实证分析思路与模型设定

在城市街区层面，路网密度影响来自城市各区位的居民从交通系统到最终消费目的地的便捷程度。因此，无论对于主要面向周边消费者的零售店还是面向全市消费者的零售店而言，所处区位是否具有高密度的路网，都有着重要意义。

首先，以零售店的数量作为被解释变量，以道路节点作为解释变量，实证检验路网密度对于提高消费活力的影响，如式（5.1）所示。

$$\ln(N\_CON_i) = \alpha_0 + \alpha_1 \ln(MS30_i) + \alpha_2 \ln(JUNCTION) + \alpha_3 X_i + \alpha_4 L_i + \varepsilon_i$$

$$(5.1)$$

其中，先控制市场潜力（$MS30$），也就是说，在市场潜力相同的情况下，讨论局部可达性对于消费活力的影响。$JUNCTION$ 即为每个网格内道路节点的数目，$JUNCTION$ 取值越大，意味着该网格内的道路节点越多，也即路网越密集且道路之间的连通性越好，则消费者在该网格内消费出行的空间摩擦也就越小，因而预计有 $\alpha_2 > 0$。式（5.1）中同时还控制了网格的其他区位属性（到市中心天安门的距离 $\ln(D\_CENTER)$、网格内的公共开敞空间面积 $\ln(OPENSPACE)$ 等），以及所处行政区的固定效应。进一步地，我们将零售店的数量替换为多样性，也应获得类似的结论。

需要说明的是，式（5.1）存在一定的局限性，局部尺度的道路节点密度，本身也会影响全局尺度的市场潜力——由于测算中以网格质心为交通网络分析的出行目标，因而网格内的路网密度越高，越容易分散拥堵的风险，从城市其他区位通往该网格时，在该网格内所产生的交通时间也就越短，市场潜力也就越大。也即 $MS30$ 和 $JUNCTION$ 两个变量之间存在正相关关系，如图 5-1 所示。

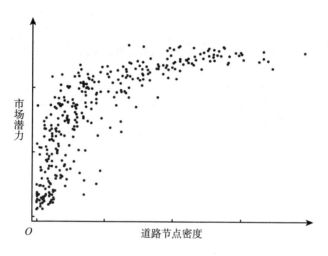

图 5-1 市场潜力与道路节点密度的相关关系

根据假定，修建新的道路，则必然与现有的多条道路产生新的节点，由此将会大幅提高道路节点的密度，从而提高局部尺度的连通性进而提高消费活力。然而，城市——尤其是以北京市为首的大城市，其土地供给严重受限，修建新的道路就变得难以操作。那么，在道路面积相对固定的约束条件下，应该选择稀疏但宽阔的大路，还是选择密集但狭窄的小路呢？根据《城市道路工程设计规范》中对不同级别道路宽度的设计要求，本书将快速路、主干路和次干路均归为大路（$HIGHWAY$），而将支路作为小路（$PATHS$），分别统计每个网格中大路和小路的总长度，并比较这两种道路形式对于提高局部尺度上潜在消费者转化能力，进而提高消费活力的影响效应。

以网格内零售店的总数作为被解释变量，大路和小路的总长度作为解释变量，可得：

$$\ln(N\_CON_i) = \beta_0 + \beta_1 \ln(MS30_i) + \beta_2 \ln(PATHS) + \beta_3 \ln(HIGHWAY)$$
$$+ \beta_4 X_i + \beta_5 L_i + \varepsilon_i \tag{5.2}$$

值得注意的是，大路和小路两者对消费活力的影响机制有所区别：对于小路而言，一方面，提高了所在局部路网分散拥堵的能力，降低了外部消费者进入的交通成本，从而增加了"潜在消费者"的规模，这一点事实上在通过 ArcGIS 的网络分析模块测算市场潜力时已经有所体现；另一方面，密集的小路提高了局部范围内的连通性，从而提高了潜在消费者转化为周边消费者的能力。而上述两种影响机制对于提高消费活力是同向的，因而可以预计小路的总长度越大，零售店的数量越多，也即 $\beta_2 > 0$。

大路影响消费活力的机制则有所不同：大路通过横截面上较大的交通容量也能起到提高市场潜力、增加潜在消费者规模的作用；但是，城市街区层面过多的大路，会降低局部尺度的连通性，不利于消费者从交通体系通往最终的消费场所。上述两个影响机制具有相反的效果，因此，β_3 的符号具有不同的可能，若大路通过降低局部尺度连通性影响消费活力的机制更为突出，则 $\beta_3 < 0$，否则 $\beta_3 > 0$ 或者在统计意义上不显著。

同理，将被解释变量零售店总量替换为多样性的度量，也会有类似的结果。

当然，与式（5.1）相同，以大路和小路长度度量的路网密度，与市场潜力之间同样存在相关关系。如上文所述，大路和小路分别通过提高横截面交通容量和分散拥堵风险两种方式影响了全局尺度的市场潜力，因而式（5.2）也不能将全局尺度和局部尺度完全隔绝。由于大路和小路影响全局尺度市场潜力的方向相同，图 5-2 将两者合并，报告了市场潜力与网格内道路总长度之间的相关关系。

进一步地，路网密度对消费活力的影响效应，对于不同集聚类型的零售店也有显著差异。式（5.3）和式（5.4）分别以购物中心和沿街餐馆两类零售店的数量作为被解释变量，探讨路网密度对消费活力影响效应在这两者间的异质性。与购物中心相比，沿街餐馆的市场范围相对较小，主要面对就近的本地居民（见表4-5实证结果），因而，对局部尺度上潜在消费者的转化更为敏感，预计有 $\alpha_2^* < \alpha_2^\&$。这里根据4.2节的实证结论，用本地人口规模作为沿街零售店的市场规模度量。将道路节点密度替换为大路和小路的长度度量，也应有类似的结果，即沿街零售店对于小路长度的敏感性要高于购物中心。

$$\ln(NMALL_i) = \alpha_0^* + \alpha_1^* \ln(MS30_i) + \alpha_2^* \ln(JUNCTION_i) + \alpha_4^* X_i + \alpha_5^* L_i + \varepsilon_i$$

$$(5.3)$$

$$\ln(NSTREET_i) = \alpha_0^\& + \alpha_1^\& \ln(POPLOCAL_i) + \alpha_2^\& \ln(JUNCTION_i)$$

$$+ \alpha_4^\& X_i + \alpha_5^\& L_i + \varepsilon_i \qquad (5.4)$$

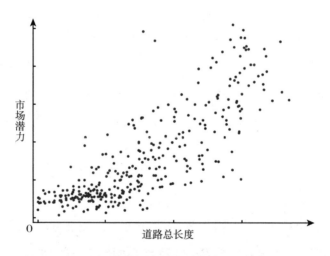

图5-2　市场潜力与道路总长度之间的相关关系

5.1.2　局部路网密度对消费活力影响效应的实证分析

表5-1报告了式（5.1）的实证结果，即以局部道路节点密度衡量的路网密度对提高消费活力的影响效应。方程控制了街道固定效应、网

格的区位属性以及全局尺度的市场潜力，研究局部尺度路网密度对于转化潜在消费者进而提高消费活力的影响。表 5－1 中，方程（1）为 4.1节的实证结果，以零售店的总数为被解释变量，探讨市场潜力对提高零售店数量的影响，并假定潜在消费者转化为周边消费者的能力在各区位一致。方程（2）放松上述假定，在方程（1）的基础上加入道路节点密度 $\ln(JUNCTION)$，发现市场潜力 $\ln(MS30)$ 的回归系数依然显著为正，但略有减小，这意味着道路密度在一定程度上影响了全局的市场潜力。$\ln(JUNCTION)$ 的系数为 0.875，且在 1% 置信度下显著。其他因素不变，在全局尺度的市场潜力相等的情况下，局部路网密度（道路节点的密度）每提高 1 个百分点，零售店的总量将增加 0.875 个百分点（局部道路节点密度每提高 1 个标准差，零售店的总量将增加 0.59 个标准差）。方程（3）和方程（4）以餐饮店（餐馆）的总数为被解释变量，方程（3）为 4.1 节的实证结果，是全局尺度市场潜力对餐饮店数量的影响。方程（4）所展现的规律与方程（2）也十分相似，加入局部尺度的道路节点密度$\ln(JUNCTION)$ 之后，市场潜力的系数略有下降但依然显著为正；局部道路节点密度每增加 1 个标准差，餐馆的数目将会提高 0.61 个标准差，在 1% 置信度下显著。

表 5－1　　　　　路网密度对提高零售店数量的影响效应
实证结果——道路节点

变量	方程（1） $\ln(N\_CON)$	方程（2） $\ln(N\_CON)$	方程（3） $\ln(N\_REST)$	方程（4） $\ln(N\_REST)$
$\ln(D\_CENTER)$	-0.685^{***} (0.200)	-0.366^{**} (0.144)	-1.515^{***} (0.270)	-1.266^{***} (0.237)
$\ln(OPENSPACE)$	0.0562^{***} (0.0129)	0.00829 (0.00965)	0.0494^{***} (0.0175)	0.0123 (0.0159)
$\ln(MS30)$	1.342^{***} (0.134)	1.191^{***} (0.106)	0.757^{**} (0.391)	0.627^{***} (0.175)

续表

变量	方程（1） ln(N_CON)	方程（2） ln(N_CON)	方程（3） ln(N_REST)	方程（4） ln(N_REST)
ln($JUNCTION$)		0.875 *** (0.0512)		0.874 *** (0.0842)
常数项	−4.213 (3.325)	−2.078 (2.389)	16.54 *** (4.491)	19.59 *** (3.930)
街道固定效应	是	是	是	是
样本量	347	347	347	347
拟合优度 R^2	0.717	0.847	0.390	0.535

注：（1）表中回归模型均采用最小二乘法回归；（2）回归方程中依据网格所在行政区进行聚类异方差分析；（3）括号中为 t 统计量；（4）*** 、** 分别表示估计结果在 1% 、5% 的置信度下显著。

表 5 - 2 以餐饮店多样性为解释变量，报告了用道路节点密度度量的路网密度对消费活力的影响。与表 5 - 1 的结构类似，方程（1）和方程（3）报告了 4.1 节的实证结果，方程（2）和方程（4）在此基础上加入局部道路节点密度 ln（$JUNCTION$）。表 5 - 2 的实证结果也与表 5 - 1 类似，在市场潜力一定的情况下，道路节点密度每增加 1 个标准差，餐馆的菜系种类将增加 0.59 个标准差，以 Shannon-Index 度量的餐馆多样性将增加 0.24 个标准差。此外，加入道路节点密度后市场潜力的估计系数有所变化，揭示了两者之间的相关性。方程（4）以所有零售店（餐饮、购物、休闲娱乐、运动健身等共 10 种）的种类数（$TYPE$）为被解释变量，作为稳健性检验。发现道路节点密度每增加 1 个标准差，$TYPE$ 增加 0.60 个标准差，这一结果与其他多样性变量的实证结果相比较，是一致和稳健的。考虑到所有零售店多样性指标的数据质量约束，本章在后续关于多样性的实证中将主要讨论餐馆的多样性指标。

表 5 – 2 　　　　　　路网密度对提高零售店多样性的影响效应
实证结果——道路节点

变量	方程（1） ln(CUISINE)	方程（2） ln(CUISINE)	方程（3） ln(DIVERSITY)	方程（4） ln(TYPE)
ln(D_CENTER)	– 0.460 *** (0.113)	– 0.336 *** (0.100)	– 0.0796 *** (0.0179)	– 0.0212 *** (0.00576)
ln(OPENSPACE)	0.0322 *** (0.00749)	0.0163 ** (0.00685)	0.000505 (0.00122)	0.00105 (0.00386)
ln(MS30)	0.260 *** (0.0286)	0.201 *** (0.0742)	0.0349 *** (0.0132)	0.0827 ** (0.0420)
ln(JUNCTION)		0.396 *** (0.0389)	0.095 *** (0.00695)	0.216 *** (0.0203)
常数项	5.017 *** (1.884)	5.984 *** (1.657)	0.0222 (0.296)	2.354 ** (0.953)
街道固定效应	是	是	是	是
样本量	339	339	339	347
拟合优度 R^2	0.380	0.527	0.389	0.404

注：（1）表中回归模型均采用最小二乘法回归；（2）回归方程中依据网格所在行政区进行聚类异方差分析；（3）括号中为 t 统计量；（4）*** 、** 分别表示估计结果在 1%、5% 的置信度下显著；（5）有 8 个网格缺少消费机会分类统计的数据，因而不在表中的分析范围之内。

表 5 – 1 和表 5 – 2 的实证结果验证了局部尺度上路网密度对提高零售店数量的影响，然而结果也同时表明，路网密度与市场潜力之间的确存在相关性，局部道路的密集与否同样会影响外部居民进入该区域的交通成本，也即影响了全局尺度的市场潜力。这一变量并不能完全将全局尺度和局部尺度的影响加以区分，这是本节实证研究中不可回避的局限性。

对于道路网络而言，每增加一条新的道路，不仅可以提高全局尺度的可达性，增加市场潜力，还将与现有的若干条道路都产生新的节点，提高局部尺度的连通性。由此可以看到，增加新的道路，无论在全局还是局部尺度都可以对提高消费活力起到重要作用。然而现实中的城市由于土地供

第 5 章 连通性对消费活力的影响效应研究

给受限，增加新的道路就变得相对困难。那么，在一定的道路占地面积的约束下，对于城市局部尺度的街区而言，较稀疏但较宽的大路，和较密集但较窄的小路相比，哪种模式更有利于街区内的消费活力呢？

为了回答上述问题，表5-3报告了式（5.2）的实证结果，即以大路和小路的长度衡量的路网密度对提高消费活力的影响效应。表5-3分别以零售店的总量、餐饮店的总量以及餐饮店的多样性作为消费活力的度量。实证结果表明，在市场潜力相等的情况下，小路的长度每增加1个标准差，零售店数量将增加0.13个标准差，多样性将增加0.04～0.07个标准差，在1%置信度下显著；而大路长度的增加对于零售店数量的增加却并无显著影响，在以Shannon-Index为多样性度量指标时，大路长度的增加甚至产生了显著的负面影响。

表5-3　　　路网密度影响消费活力的实证研究——道路宽度

变量	方程（1） ln(N_CON)	方程（2） ln(N_REST)	方程（3） ln($CUISINE$)	方程（4） ln($DIVERSITY$)
ln(D_CENTER)	-0.628 *** (0.195)	-1.355 *** (0.274)	-0.427 *** (0.116)	-0.0816 *** (0.0194)
ln($OPENSPACE$)	0.0384 *** (0.0127)	0.0392 ** (0.0179)	0.0309 *** (0.00774)	0.00244 * (0.00129)
ln($MS30$)	1.170 *** (0.132)	0.137 * (0.0805)	0.134 * (0.0785)	0.0168 (0.0131)
ln($PATHS$)	0.295 *** (0.0496)	0.0865 *** (0.0311)	0.0577 ** (0.00331)	0.0230 ** (0.00553)
ln($HIGHWAY$)	-0.00224 (0.0151)	0.0487 (0.0314)	0.0104 (0.00904)	-0.00410 *** (0.00151)
常数项	-5.466 * (3.228)	14.20 *** (4.532)	4.545 ** (1.927)	0.294 (0.322)
街道固定效应	是	是	是	是
样本量	347	347	339	339
拟合优度 R^2	0.744	0.404	0.383	0.308

注：（1）表中回归模型均采用最小二乘法回归；（2）回归方程依据网格所在行政区进行聚类异方差分析；（3）括号中为t统计量；（4）***、**和*分别表示估计结果在1%、5%和10%的置信度下显著；（5）有8个网格缺少消费机会分类统计的数据，因而不在方程（3）和方程（4）分析范围之内。

此外，表 5 - 3 在加入大路和小路的长度之后，市场潜力的估计系数显著减小，乃至变得不再显著为正，这也验证了道路长度影响全局尺度市场潜力的机制。而在提高了市场潜力的基础上，大路长度依然对消费活力没有显著的提升效应，甚至有负面影响，则进一步说明局部尺度上连通性对于提高消费活力的重要意义。

表 5 - 4 报告了式（5.3）和式（5.4）的实证结果，即路网密度对消费活力的影响效应在不同集聚类型零售店之间的异质性。方程（1）和方程（2）针对高度集聚的购物中心展开，方程（3）和方程（4）针对低集聚程度的沿街餐馆展开。结果表明，道路节点的密度每提高 1 个标准差，购物中心的数量将提高 0.36 个标准差，沿街餐馆的数量将增加 0.54 个标准差；局部的小路长度每增加 1 个标准差，购物中心数量将增加 0.03 个标准差，沿街餐馆的数量将增加 0.15 个标准差；局部的大路长度对购物中心没有显著影响，对沿街餐馆的影响则显著为负（大路长度每增加 1 个标准差，沿街餐馆数量减少 0.04 个标准差）。可见，局部道路节点密度对沿街餐馆的影响程度是购物中心的 1.5 倍，局部小路长度对沿街餐馆的影响是购物中心的 5 倍，局部连通性对于集聚强度较低的沿街类零售店显然具有更大的影响效应。

表 5 - 4　　　路网密度对不同集聚类型零售店的影响效应

变量	方程（1） $\ln(NMALL)$	方程（2） $\ln(NMALL)$	方程（3） $\ln(NSTREET)$	方程（4） $\ln(NSTREET)$
$\ln(D\_CENTER)$	-0.298^{*} (0.155)	-0.321^{*} (0.169)	-0.589^{***} (0.168)	-0.784^{***} (0.161)
$\ln(OPENSPACE)$	-0.0132 (0.0142)	-0.00534 (0.0152)	0.00996 (0.0156)	0.0207 (0.0155)
$\ln(MS30)$	0.165^{**} (0.0873)	0.511^{***} (0.148)		
$\ln(POPLOCAL)$			0.307^{***} (0.0947)	0.613^{***} (0.0749)

变量	方程（1）ln(NMALL)	方程（2）ln(NMALL)	方程（3）ln(NSTREET)	方程（4）ln(NSTREET)
ln(PATHS)		0.0468 *** (0.0154)		0.341 *** (0.0758)
ln(HIGHWAY)		0.0107 (0.0152)		−0.0545 * (0.0317)
ln(JUNCTION)	0.366 *** (0.113)		0.779 *** (0.0976)	
常数项	−0.494 (2.837)	−2.532 (3.028)	5.777 *** (1.974)	9.933 *** (1.950)
街道固定效应	是	是	是	是
样本量	199	199	347	347
拟合优度 R^2	0.460	0.395	0.495	0.494

注：（1）表中回归模型均采用最小二乘法回归；（2）回归方程依据网格所在行政区进行聚类异方差分析；（3）括号中为 t 统计量；（4）***、** 和 * 分别表示估计结果在 1%、5% 和 10% 的置信度下显著；（5）仅有 199 个网格中分布有购物中心。

而且需要注意，购物中心在城市中的分布密度事实上要远低于这些沿街零售店，如在本书的样本中，北京城市化地区内仅有 199 个网格（占总样本的 57.3%）中分布有购物中心，且平均每个网格中仅有 4 座；而每一个网格中都有大量的沿街餐馆，平均每个网格中有 223 家。因此，局部尺度上路网的密度，对于提高街区内的消费活力、营造良好的商业氛围，具有十分重要的意义。

5.2 内生性问题及工具变量法实证分析

5.2.1 内生性问题及解决方案

实证检验了路网密度影响局部尺度上潜在消费者转化为周边消费者

的能力，进而影响消费活力的效应，实证中以路网节点密度和大路、小路各自的总长度分别度量路网密度。实证结果表明，路网中越是宽度较窄的小路密集、道路节点密集，就越有利于局部区域内消费活力的提高。然而，这一结果尚未考虑内生问题的影响。本节将主要阐述路网密度影响局部尺度消费活力实证研究中的内生性问题，并通过构造工具变量的方法加以解决。

上述实证，一方面存在反向因果问题：在原本商业活动就比较繁荣的区域，更可能在城市规划中被划作商业区、旅游区、步行街等，并为其配备以适于步行的小路为主的路网形式；此外，这些区域由于原本地价就比较高，也就更难以拆迁并建造宽阔的大路。大量城市中心保留的老商业景观，即为例证。在这种情况下，可能导致路网密度提高消费活力的效应被高估。

另一方面存在遗漏变量问题：路网密集，尤其是宽度较窄的小路分布密集的区域，也有可能是尚未进行城市更新的区域，如"城中村"、低收入居民居住区等。因而存在居民收入水平偏低、环境、治安状况较差等因素，对消费活力产生负面影响。这些遗漏变量可能导致路网密度提高消费活力的效应被低估。

在城市和区域经济学的大量实证研究中，为了缓解交通基础设施与人口、就业、区域经济发展等变量之间的内生性问题，多会采用历史上的交通网络（公路、铁路等）作为当前交通网络的工具变量。本书采用新中国成立之前北京市的历史路网作为当前道路的工具变量。原因有两点。首先，对于以北京市为例的一线城市，环线、快速路等大路的选址可能更倾向于从城市发展规划等方面入手，而与历史路网的关联较为薄弱，然而城市中大量的支路，出于节约拆迁、土地平整等成本的考虑，现有的道路很有可能是历史道路的修整、拓宽所得。因此，通过历史路网的空间分布，可以较好地预测当前小路的空间分布。当然，小路越密集，道路节点也就越多，因此，历史路网也可以较好地预测当前道路节点的空间分布。其次，之所以选择新中国成立之前而不是之后的历史路网，是因为新中国成立后北京市的城市规划具有较强的延续性，而新中国成立之前的城市规划则相对外生。

本书选择 1947 年北京市的路网作为当前小路的工具变量，数据来源于中国地图出版社出版的《中华民国三十六年北平市城郊老地图》。

5.2.2 工具变量的构造方法及 IV 估计思路

本书将《中华民国三十六年北平市城郊老地图》中的数据电子信息化到 ArcGIS 数据库中，并与当前北京市基础图层进行匹配，得到该地图电子信息化后实际覆盖的空间范围，本书所使用的 2 千米 × 2 千米网格状空间分析单元中，有 284 个网格在历史地图的覆盖范围之内，其余 90 个则超出了历史地图的范围。因此，本节工具变量法实证所涉及的样本也就仅有这 284 个网格。当然，通过上述方法筛选出的样本，由于 1947 年时已经在城市地图的收录范围之内，证明当时已经具备了一定的经济基础，因而，这些区域在城市经济水平、居民收入、人口规模、城市规划等社会经济方面具有相对一致的特征。我们将 1947 年城郊老地图所收录的所有道路电子信息化，并统计每个空间分析单元内历史道路的总长度（$ROAD1947$）。

首先，从数据的空间分布直观地判断历史道路与现有道路之间的相关性，如图 5-3 所示。其中，左图为大路的长度（$HIGHWAY$）与历史道路长度（$ROAD1947$）的散点图，可以看出，两者之间并无显著的相关关系，大路的选址受历史道路分布的影响较小；右图为小路的长度（$PATHS$）与历史道路长度（$ROAD1947$）的散点图，发现两者间有明显的正相关关系，这就验证了 5.2.1 节所述的，历史道路所在的位置，更有可能通过修整或拓宽成为当前路网中的小路。

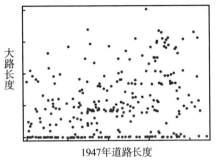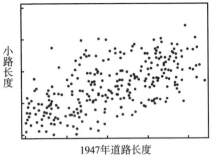

大路（*HIGHWAY*）与历史道路相关性　　　　　小路（*PATHS*）与历史道路相关性

图 5 – 3　当前道路网络中大路和小路与 1947 年道路长度的相关性

由此，本书以各个网格内 1947 年的道路长度为工具变量，应用二阶段最小二乘法，首先利用工具变量分别预测当前的道路节点密度以及小路长度，再用于检验对消费活力的影响效应。根据 5.2.1 节实证结果，大路的长度在大多数情况下对消费活力均无显著影响，且用历史道路长度也难以预测现有大路的长度，因此，在利用工具变量进行二阶段估计时，方程中不再包含变量大路长度（*HIGHWAY*）。

5.2.3　工具变量（IV）估计结果分析

表 5 – 5 报告了 IV 估计第一步的回归结果。从表格的实证结果可知，1947 年的道路长度（*ROAD*1947）对于现有道路网络中道路节点的密度和小路的长度均有良好的预测能力。

表 5 – 5　　　　　　　　二阶段最小二乘法第一步回归结果

变量	方程（1）ln(*JUNCTION*)	方程（2）ln(*JUNCTION*)	方程（3）ln(*PATHS*)	方程（4）ln(*PATHS*)
ln(*ROAD*1947)	0. 236 *** (0. 0493)	0. 213 *** (0. 0401)	0. 0753 *** (0. 0309)	0. 0515 *** (0. 0244)
ln(*D_CENTER*)	− 0. 0527 (0. 128)	− 0. 314 *** (0. 0780)	0. 0875 (0. 158)	− 0. 104 (0. 106)

续表

变量	方程（1）ln($JUNCTION$)	方程（2）ln($JUNCTION$)	方程（3）ln($PATHS$)	方程（4）ln($PATHS$)
ln($OPENSPACE$)	0.0457 *** (0.00941)	0.0320 *** (0.00814)	0.0411 *** (0.0116)	0.0299 *** (0.0110)
ln($MS30$)	0.892 *** (0.109)		0.700 *** (0.135)	
ln($POPLOCAL$)		0.582 *** (0.0416)		0.471 *** (0.0564)
常数项	−7.754 *** (2.258)	0.915 (1.018)	6.445 *** (1.381)	6.445 *** (1.381)
样本量	284	284	284	284
F 统计量	165.96	253.84	45.95	62.07
拟合优度 R^2	0.704	0.784	0.471	0.471

注：（1）表中回归模型均采用最小二乘法回归；（2）回归方程依据网格所在行政区进行聚类异方差分析；（3）括号中为 t 统计量；（4）*** 表示估计结果在 1% 的置信度下显著。

表 5 − 6 以历史道路长度（$ROAD$1947）为工具变量，通过二阶段最小二乘法检验了路网密度对消费活力的影响效应。该表分别以零售店数目、餐饮店数目和餐饮店的多样性作为被解释变量，道路节点和小路长度分别作为内生的被解释变量，仅将 8 个回归方程中关键变量的回归结果予以列出。回归结果中，ln($JUNCTION$) 的系数依然显著为正，除了方程（1）中该系数与上节相比有所上升之外，方程（2）至方程（4）中该系数与上节回归结果相比均有所下降。这说明内生性问题导致道路节点密度提高消费活力的影响效应被高估了。ln($PATHS$) 系数与上节相比均有显著提高，说明内生性问题导致小路长度提高消费活力的影响效应被大幅低估。此时，局部的小路长度每增加 1 个标准差，零售店的数量增加 1.93 个标准差，多样性增加 0.3 ~ 0.9 个标准差。

表 5 – 6　　　　　道路节点密度对消费活力的影响效应（IV 估计结果）

变量	方程（1）ln(N_CON)	方程（2）ln(N_REST)	方程（3）ln(CUISINE)	方程（4）ln(DIVERSITY)
ln(JUNCTION)	1. 430 ***（0. 247）	0. 660 **（0. 327）	0. 331 **（0. 166）	0. 0380 *（0. 0204）
ln(PATHS)	4. 488 *（2. 490）	2. 072 ***（0. 788）	0. 758 *（0. 415）	0. 187 *（0. 0793）
市场潜力	是	是	是	是
其他区位属性	是	是	是	是
街道固定效应	是	是	是	是
样本量	284	284	282	282

注：（1）表中回归模型均采用二阶段最小二乘法回归，JUNCTION 和 PATHS 为内生变量，用 1947 年的道路长度（ROAD1947）作为工具变量；（2）回归方程依据网格所在行政区进行聚类异方差分析；（3）括号中为 t 统计量；（4）*** 、** 和 * 分别表示估计结果在 1% 、5% 和 10% 的置信度下显著；（5）在 1947 年地图覆盖的 284 个网格中，有 2 个网格内缺少餐饮店的分类统计信息；（6）表中，方程（1）、方程（2）分别为道路节点密度影响消费活力和小路长度影响消费活力的实证结果，即每一列均包含了两个回归方程。

表 5 – 7 汇总报告了以历史道路长度为工具变量后路网密度对购物中心以及对沿街餐馆各自的影响效应。实证结果表明，在解决内生性问题后，沿街的餐饮店对路网密度的敏感性依然要远大于购物中心对路网密度的敏感性。同时，与上节的实证结果相比，依然有道路节点密度的影响效应被高估而小路的影响效应被低估的结论。

表 5 – 7　　　　　路网密度对消费活力影响的异质性——IV 估计结果

变量	方程（1）ln(NMALL)	方程（2）ln(NSTREET)
ln(JUNCTION)	0. 150 ***（0. 040）	0. 302 ***（0. 118）
ln(PATHS)	0. 228 *（0. 137）	0. 306 *（0. 175）
市场潜力	是	是

第 5 章　连通性对消费活力的影响效应研究

续表

变量	方程（1） ln(*NMALL*)	方程（2） ln(*NSTREET*)
其他区位属性	是	是
街道固定效应	是	是
样本量	189	282

注：（1）表中回归模型均采用二阶段最小二乘法回归，*JUNCTION* 和 *PATHS* 为内生变量，用 1947 年的道路长度（*ROAD*1947）作为工具变量；（2）回归方程依据网格所在行政区进行聚类异方差分析；（3）括号中为 t 统计量；（4）*** 、* 分别表示估计结果在 1%、10% 的置信度下显著；（5）在 1947 年地图覆盖的 284 个网格中，有 95 个网格内没有购物中心，2 个网格内缺少餐饮店的分类统计信息。

表 5-6 和表 5-7 的实证结果表明，在解决内生性问题之后，局部尺度的路网密度仍然对提高消费活力有着显著影响。同时，IV 估计的结果还表明，前文所述的两种内生性问题均存在：一是一些区域原本较好的经济基础或商业活动氛围影响了城市规划定位，在后续的建设中以窄而密集的道路为主体，这一机制通过道路节点密度的影响效应被高估得到验证；二是部分尚未进行城市更新的区域，道路未及拓宽，同时存在贫穷、环境、治安等其他负面因素影响周边的商业活动，这一机制通过小路的影响效应被低估得到验证。

5.3 停车设施对消费活力的影响效应研究

5.1 节和 5.2 节以路网密度衡量城市局部尺度上的连通性，并检验其对于转化潜在消费者、提高消费活力的影响效应。"市场潜力"所对应的潜在消费者，包括通过道路网络和地铁网络可达的所有群体，如 5.1 节所述，路网密度对通过不同交通方式可达的潜在消费者在城市局部转化为周边消费者的能力均有影响，然而本章以道路节点密度和小路长度来度量局部尺度的连通性，本身存在一定的局限：局部的连通性对全局尺度的市场潜力也会产生影响。

本节则仅针对私家车出行的潜在消费者，探讨影响他们在消费出行末端便捷性的重要因素——停车便利性对转化能力进而对提高消费活力的影响。尽管停车设施在这里仅面向私家车出行群体，但本节的研究依然具有不可替代的重要意义，主要有三个原因。

第一，根据图5-4，北京市2014年的出行结构中，私家车出行的比重达到了31.5%，这个比重相当可观，对于这部分潜在消费者的转化当然不可忽视。

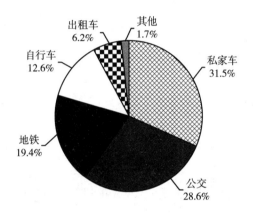

图5-4　北京市2014年出行结构

资料来源：北京交通发展研究院。

第二，以北京市为首的各大城市目前均处于停车位严重短缺的状态（徐万晖，2012），学术界和产业界都不乏关于如何供给停车设施以及其社会、经济收益的讨论（唐坚梅，2013；李雪梅、许红，2015）。本节的实证研究从提高消费活力的角度，提供了度量增加停车设施经济收益的一种方法。

第三，前两节的实证研究中，局部路网密度对于全局尺度的市场潜力也有显著影响（见图5-1和图5-2），这就导致实证中对于路网密度提高消费活力影响效应的低估。而本节的停车设施本身并不影响全局尺度的市场潜力，从市场潜力的计算过程可知，对其产生重大影响的主要因素包括道路和地铁网络的完备程度、其中的通行速度以及道路网络中的拥堵程度，而在道路交通末梢的停车便利性并不在全局尺度市场潜力的计算范围之内。图 5-5 展示了市场潜力与车位供给指数的散点图，可见两者之间的相关性较弱。因而，停车便利性相对"纯粹"地作为一个只衡量局部尺度连通性的指标，很好地弥补了 5.1 节和 5.2 节实证的局限性。

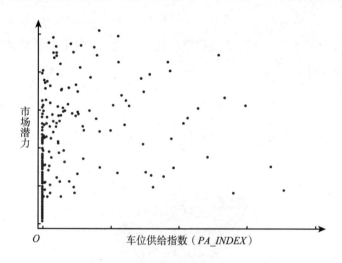

图 5-5　市场潜力与车位供给指数（PA_INDEX）散点图

5.3.1　实证分析思路与模型设定

与 5.1 节相似，本节在第 4 章的实证基础上，加入停车便利性的相关指标。根据第 3 章，本书用两个指标分别度量停车便利性：网格质心到最近停车场的距离（D_PARKING）和网格内的车位供给指数（PA_INDEX）。式（5.5）以零售店的数量为被解释变量，以到停车场的距离为主要解释变量。由于市场潜力的计算以网格质心为交通体系中的出行目的地，则网格质心到停车场的距离越小，意味着驾车出行"末梢"的停车就越便捷，这样的区位也就更容易吸引消费者，拥有对潜在消费者更高的转化能力。因而预计有 $\gamma_2 < 0$。分别将被解释变量——零

售店的数目替换为餐饮店的数目和多样性，也预计得到类似的结果。

$$\ln(N\_CON_i) = \gamma_0 + \gamma_1 \ln(MS30_i) + \gamma_2 \ln(D\_PARKING) + \gamma_3 X_i + \gamma_4 L_i + \varepsilon_i$$

$$(5.5)$$

而事实上，"潜在消费者"出行的目的地可能是网格内的任何区位，因而靠近消费目的地的区位是否有充足的车位，在现实中可能比网格质心到停车场的距离更为重要。此外，停车的成本也是消费者考虑的重要因素。本书进而用车位供给指数（PA_INDEX）替换 $D\_PARKING$，如式（5.6）所示。

$$\ln(N\_CON_i) = \varphi_0 + \varphi_1 \ln(MS30_i) + \varphi_2 \ln(PA\_INDEX) + \varphi_3 X_i + \varphi_4 L_i + \varepsilon_i$$

$$(5.6)$$

根据第 3 章，车位供给指数是网格内各个停车场的车位数按照每小时收费标准反向加权求和。该指标同时反映了网格内车位的数量和成本。车位越多且停车成本越低的区域，越容易吸引潜在消费者，因而在式（5.6）中，预计有 $\varphi_2 > 0$。

进一步区分停车便利性对于不同集聚类型零售店的影响效应，如式（5.7）和式（5.8）所示。

$$\ln(NMALL_i) = \varphi_0^* + \varphi_1^* \ln(MS30_i) + \varphi_2^* \ln(PA\_INDEX) + \varphi_3^* X_i + \varphi_4^* L_i + \varepsilon_i$$

$$(5.7)$$

$$\ln(NSTREET_i) = \varphi_0^\& + \varphi_1^\& \ln(MS30_i) + \varphi_2^\& \ln(PA\_INDEX) + \varphi_3^\& X_i + \varphi_4^\& L_i + \varepsilon_i$$

$$(5.8)$$

根据第 4 章实证研究结论，购物中心的潜在消费者在空间尺度上分布更广，而沿街零售店的潜在消费者则多分布在周边区域。因而可以推断，购物中心的潜在消费者更有可能采取驾车出行模式，则对停车便利性有更高的要求，而沿街零售店的潜在消费者则更可能通过步行、自行车出行等方式，他们对路网密度具有更高的敏感性，这一点已经在 5.1 节和 5.2 节得到了验证。因此预期有 $\varphi_2^* > \varphi_2^\&$。

然而由于数据可得性的问题，本节实证存在两个难以避免的局限性：第一，停车场的选址和规划受到现有的商业环境影响，因而存在内生性问题；第二，本书的数据中仅包含停车场，缺少路边停车位信息，而事实上路边停车位在北京市车位总量中所占的比重相当大，这是本节实证研究不可回避的局限性。

5.3.2 停车设施对消费活力的影响效应实证分析

表5-8报告了停车设施对零售店数量的影响效应。其中，方程（1）为4.1节的实证结果，仅包含全局尺度上的市场潜力。方程（2）中，$\ln(D\_PARKING)$ 的系数表明，在市场潜力一定的条件下，网格质心到停车场的距离每缩短1个标准差，网格内零售店的数目将增加0.39个标准差，该结果在1%置信度下显著。方程（3）将 $D\_PARKING$ 替换为车位供给指数，发现该指数每提高1个标准差，网格内零售店数目增加0.23个标准差。将被解释变量零售店数目替换为餐饮店数目，实证结果与之类似，本节不再赘述。

表5-8　　　　　　　　　停车便利性对零售店数量的影响效应

变量	方程（1） $\ln(N\_CON)$	方程（2） $\ln(N\_CON)$	方程（3） $\ln(N\_CON)$
$\ln(D\_CENTER)$	-0.685*** (0.200)	-0.432** (0.189)	-0.546*** (0.194)
$\ln(OPENSPACE)$	0.0562*** (0.0129)	0.0423*** (0.0122)	0.0540*** (0.0125)
$\ln(MS30)$	1.342*** (0.134)	1.104*** (0.139)	1.139*** (0.135)
$\ln(D\_PARKING)$		-0.512*** (0.0702)	
$\ln(PA\_INDEX)$			0.132*** (0.0254)

续表

变量	方程（1） ln(*N_CON*)	方程（2） ln(*N_CON*)	方程（3） ln(*N_CON*)
常数项	-4.213 (3.325)	2.416 (3.228)	-3.429 (3.209)
街道固定效应	是	是	是
样本量	347	347	347
拟合优度 R^2	0.717	0.755	0.738

注：（1）表中回归模型均采用最小二乘法回归；（2）回归方程依据网格所在行政区进行聚类异方差分析；（3）括号中为 t 统计量；（4）***、** 分别表示估计结果在1%、5%的置信度下显著。

表5-9检验了停车便利性对餐饮店多样性的影响效应。实证表明，到停车场的距离每缩短1个标准差，以菜系种类度量的多样性提高0.53个标准差。然而车位供给指数对于多样性的影响幅度较小。以 Shannon-Index 度量的多样性也呈现出类似的特征。对所有零售店多样性指标的实证结果与之类似，不再赘述。

表5-9　　　　　　　停车便利性对零售店多样性的影响效应

变量	方程（1） ln(*CUISINE*)	方程（2） ln(*CUISINE*)	方程（3） ln(*DIVERSITY*)	方程（4） ln(*DIVERSITY*)
ln(*D_CENTER*)	-0.339 *** (0.109)	-0.403 *** (0.112)	-0.0691 *** (0.0184)	-0.0788 *** (0.0188)
ln(*OPENSPACE*)	0.0253 *** (0.00719)	0.0313 *** (0.00735)	0.000862 (0.00121)	0.00188 (0.00124)
ln(*MS30*)	-0.0868 (0.0803)	0.0460 (0.0781)	0.0306 ** (0.0136)	0.00938 (0.0131)
ln(*D_PARKING*)	-0.251 *** (0.0405)		-0.0440 *** (0.00683)	
ln(*PA_INDEX*)		0.0544 *** (0.0146)		0.0109 *** (0.00246)
常数项	8.319 *** (1.864)	5.340 *** (1.851)	-0.376 (0.315)	0.138 (0.311)

续表

变量	方程（1） ln(*CUISINE*)	方程（2） ln(*CUISINE*)	方程（3） ln(*DIVERSITY*)	方程（4） ln(*DIVERSITY*)
街道固定效应	是	是	是	是
样本量	339	339	339	339
拟合优度 R^2	0.444	0.405	0.364	0.325

注：（1）表中回归模型均采用最小二乘法回归；（2）回归方程依据网格所在行政区进行聚类异方差分析；（3）括号中为 t 统计量；（4） ***、** 分别表示估计结果在 1%、5% 的置信度下显著；（5）仅有 199 个网格中分布有购物中心。

表 5-10 按照集聚特征区分，探讨了停车便利性对不同类型零售店影响效应的异质性。方程（1）和方程（2）以高度集聚的购物中心为对象，发现到停车场的距离每缩短 1 个标准差，购物中心的数量增加 0.42 个标准差，沿街餐馆的数量增加 0.15 个标准差；车位供给指数每提高 1 个标准差，购物中心数量增加 0.3 个标准差，沿街餐馆的数量增加 0.13 个标准差（回归系数在统计意义上有显著差异）。由此可见，对于不同类型的零售店而言，市场范围影响了其潜在消费者可能选择的交通工具，进而又影响了消费者在交通"末梢"上所关注的连通性的角度。高度集聚的购物中心市场范围更大，消费者也有更高的概率通过私家车前往，因而对停车便利性更为敏感。

表 5-10   **停车便利性对不同类型零售店影响效应的异质性**

变量	方程（1） ln(*NMALL*)	方程（2） ln(*NMALL*)	方程（3） ln(*NSTREET*)	方程（4） ln(*NSTREET*)
ln(*D_CENTER*)	-0.329 ** (0.160)	-0.326 ** (0.159)	-0.460 ** (0.181)	-0.586 *** (0.173)
ln(*OPENSPACE*)	-0.00558 (0.0145)	-0.00606 (0.0144)	0.00849 (0.0155)	0.0140 (0.0155)
ln(*MS30*)	0.330 ** (0.146)	0.377 *** (0.137)		
ln(*POPLOCAL*)			0.317 *** (0.0684)	0.389 *** (0.0648)

续表

变量	方程（1） ln(NMALL)	方程（2） ln(NMALL)	方程（3） ln(NSTREET)	方程（4） ln(NSTREET)
ln(D_PARKING)	−0.382 *** (0.0826)		−0.192 *** (0.0596)	
ln(PA_INDEX)		0.120 *** (0.0291)		0.0726 *** (0.0201)
常数项	1.590 (3.126)	−0.555 (2.924)	5.726 *** (2.053)	6.562 *** (1.984)
样本量	199	199	339	339
拟合优度 R^2	0.422	0.431	0.481	0.481

注：（1）表中回归模型均采用最小二乘法回归；（2）回归方程依据网格所在行政区进行聚类异方差分析；（3）括号中为 t 统计量；（4）***、** 分别表示估计结果在1%、5%的置信度下显著；（5）仅有199个网格中分布有购物中心。

不过需要注意，本书由于数据可得性的限制，仅收集了大型停车场的数据，而没有能够获取路边车位数据。现实中购物中心往往会配置停车场，从数据来看，网格内购物中心个数与大型停车场个数的相关系数为0.67。这也是停车便捷性对购物中心的影响效应远大于沿街零售店的原因之一。在现有的数据条件下无法回避这一内生问题，从而可能高估了停车便捷性的影响在购物中心与沿街零售店之间的差异。

5.4　本章小结

本章在第4章的基础上展开，在控制全局尺度市场潜力的情况下，进一步探讨了城市局部尺度的连通性特征对于转化潜在消费者的影响，实证检验了其提高消费活力的效应。本章从路网密度和停车便利性两个角度度量局部尺度的连通性，前者对于不同交通方式的消费者在出行"末梢"上的便利性均有影响，后者则主要影响私家车出行的消费者在出行"末梢"上的停车便利性。路网密度越大，车位越多且停车成本越低，越有利于局部尺度上潜在消费者转化为周边消费者，则消费活力也就越高。本章实证研究的主要结论如下。

第一，道路节点密度越高，道路中的小路越多，消费活力越高。实证发现，以道路节点密度或小路长度度量的局部路网密度每提高1个标准差，零售店的数量增加 0.59 ~ 1.93 个标准差，多样性则提高 0.24 ~ 0.9 个标准差。

第二，离停车场越近，车位越多且停车成本越低，消费活力越高。到停车场的距离每缩短1个标准差，零售店的数量增加 0.39 个标准差，多样性提高 0.53 个标准差。

第三，不同类型的消费空间对于上述两者的敏感性有所区别。具有更高集聚强度的购物中心这一类消费空间，其消费者选择驾车出行的概率越高，因而停车便利性对其的影响要更大。实证发现，停车便捷性对购物中心的影响效应约为对沿街零售店影响效应的3倍。而相对分散的沿街零售店，由于更多地面向周边区域消费者，非机动车出行的概率越高，因而，局部路网密度对其的影响要更大。实证发现，局部路网密度对沿街零售店的影响效应约为对购物中心影响效应的 1.5 ~ 5 倍。

第6章

消费活力对区位价值的
影响效应研究[*]

本章在前两章实证的基础上进一步研究消费活力对区位价值的影响效应。我们首先深入探讨零售店之间的外部性对于提高商业区位价值的影响机制，并将利用第 4 章和第 5 章的研究结论缓解内生性问题；而在研究消费活力对居住区位价值的影响效应时，我们将利用轨道交通建设作为外生冲击缓解内生性问题。

6.1 消费活力对商业区位价值的
影响效应研究

6.1.1 实证分析思路与模型设定

本节利用北京市国土资源局所公布的历年商业用地出让信息，通

---

* 本章部分研究成果已分别发表于 SSCI 期刊 *Regional Science and Urban Economics* 2015 年第 54 期和 *Journal of Housing Economics* 2016 年第 33 期。

过特征价格模型实证检验消费活力对商业区位价值的影响。对任何一宗商业地块，以其质心为圆心，2千米为半径划出圆形区域，这些圆形区域即为本节实证研究的空间分析单元。由于大多数地块均位于前文所使用的2千米网格的交界处附近，采用这种圆形的空间分析单元可以避免由于人为划分网格所导致的对地块周边区位属性的测量偏误。

针对每一宗商业用地出让，统计其周边2千米范围之内在出让的上一年度内零售店的数目和多样性（出于数据质量的考虑，这里与前文保持一致，采用餐饮店的多样性）。之所以统计土地出让上一年度的零售店情况，是为了缓解反向因果问题，即当年的政府商业用地出让行为对周边商业活动产生的促进作用。式（6.1）描述了针对商业用地的特征价格模型。

$$\ln(PRICE_{it}) = \alpha_0 + \alpha_1 X_i + \alpha_2 L_i + \alpha_3 T_t + \alpha_4 \ln(N\_CON_{i,t-1}) + \varepsilon_{it}$$

$$(6.1)$$

其中，$PRICE_{it}$为t年出让的宗地i的单位土地面积价格，X_i为宗地i的物理属性，包括占地面积、规划容积率、出让方式（包括招标和挂牌两种），L_i为宗地i的区位属性，包括到市中心天安门的距离和周边的土地供给弹性，T_t包含时间趋势和季节性变动，$N\_CON_{i,t-1}$为宗地i周边2千米范围内在$t-1$年的零售店数量，表征该地块在出让之前的消费活力和商业氛围。本节仍然用地块周边的公共开敞空间面积作为地块周边2千米范围内土地供给弹性的代理变量。公共开敞空间占用的面积越大，则可供商业使用的土地面积就越小，土地供给弹性也就越小。当然，正如前文所述，公共开敞空间本身也是一种提高生活质量、促进居民消费活动的因素。因此，这里仅用公共开敞空间面积对土地供给弹性加以控制，而不关注其估计系数的准确性。

式（6.1）主要目的在于探讨消费活力对于商业区位价值的影响效应，这里用地块周边2千米范围内的零售店总量作为消费活力的度量。

地块周边的零售店数量越多，一方面意味着零售商面临的市场越大、潜在消费者的消费意愿和消费能力越强，另一方面也意味着新进入的零售商面临的市场竞争越激烈。如果前者的影响效应大于后者，则 $\alpha_4 > 0$，否则 $\alpha_4 < 0$。

不过，零售店数量的增加虽然带来了更激烈的市场竞争，更重要的，却是带来了正外部性——零售店的集聚效应。大量零售店的集聚可以提高产品的多样性，为消费者提供"比较购物"的机会——在众多商店和商品间充分比选，找到最适合自己的商品，降低消费者的搜索成本；有利于形成"一站式购物"的消费空间——在单次消费出行中实现多样化的购物需求。这些因素都提高了该区域对消费者的吸引力；同时可以通过共享市场规模、分摊设施成本和统一经营管理等机制降低零售商的成本。零售店的集聚效应为消费者和零售商带来的收益都提高了零售商对该区域土地或商铺租金的支付意愿。

由于数据受限，这里用餐饮店的多样性（DIVERSITY）来粗略度量零售店集聚所产生的正外部性（见式 6.2）。根据前文，同质的零售店容易带来更激烈的市场竞争，而多样化的零售店之间则更容易相互协作、分摊成本并共享市场规模；餐饮类内部的多样性既反映了"比较购物"的集聚机制，也能反映该地区消费者人口结构或偏好的多样性，从而侧面反映了其他类型零售店的多样性。

$$\ln(PRICE_{it}) = \alpha'_0 + \alpha'_1 X_i + \alpha'_2 L_i + \alpha'_3 T_t + \alpha'_4 \ln(N\_CON_{i,t-1})$$
$$+ \alpha'_5 \ln(DIVERSITY_{i,t-1}) + \varepsilon_{it} \tag{6.2}$$

事实上，现实生活中一个较大的区域内所分布的零售店，通常是趋于多样化而非同质化的，零售店集聚产生的正外部性很可能要超过市场竞争导致的负面影响。因此有以下预期：式（6.1）中，$\alpha_4 > 0$；式（6.2）中，$\alpha'_4 > 0$，$\alpha'_5 > 0$；且由于式（6.1）中 α_4 既包含零售业集聚带来的正外部性，也可能包含市场竞争带来的负面影响，因而在进一步放入多样性度量正外部性后，预计有 $\alpha'_4 < \alpha_4$。当然，由于本书估计零售商

集聚效应的方法过于单一和粗略，也就不可避免地会造成对这种集聚效应带来的正外部性的低估。

表 6-1 报告了上述实证模型所涉及变量的描述性统计。

表 6-1 　　　　　**消费活力影响商业区位价值实证研究所涉及**
变量的描述性统计

变量	定义	均值	标准差
PRICE	出让地块的楼面地价（元/平方米）	33772.23	63657.42
AREA	出让地块的土地面积（平方米）	38062.78	48266.83
FARATIO	出让地块的规划容积率	3.73	2.97
TYPE	出让方式：挂牌 =1，招标 =2	1.24	0.43
D_CENTER	出让地块质心到市中心天安门的距离（千米）	18.01	14.30
OPENSPACE	出让地块周边 2 千米范围内的公共开敞空间面积（平方千米）	0.51	0.46
N_CON	出让地块周边 2 千米范围内的零售店数量（个）	77.63	111.86
DIVERSITY	出让地块周边 2 千米范围内的餐饮店多样性	1.92	0.32

6.1.2　消费活力对商业区位价值的影响效应

表 6-2 报告了式（6.1）和式（6.2）的实证结果。方程（1）为传统的特征价格模型，用土地面积、规划容积率、到市中心天安门的距离、土地出让方式以及成交时间等变量解释单位土地面积的出让价格。方程（2）加入了宗地周边 2 千米范围内的零售店数目 $\ln(N\_CON)$，回归结果表明，零售店数量每增加 1 个百分点，商业用地的价格上涨 0.339 个百分点（零售店数量每增加 1 个标准差，商业用地的价格上涨 0.26 个标准差），且在 1% 置信度下显著，其他解释变量的回归系数则相对稳健。这一结果是零售店聚集带来的竞争效应和集聚正外部性的综合效应。方程（3）则进一步加入了宗地周边 2 千米范围内的餐饮店多样性 $\ln(DIVERSITY)$，回归结果表明，多样性每提高 1 个百分点，商业

用地的价格将上涨 3.288 个百分点（多样性每提高 1 个标准差，地价提高 0.29 个标准差），同时由于多样性加入了回归方程，ln(N_CON) 的回归系数下降了 16.2%，这意味着集聚带来的多样性资本化到商业区位价值中，占消费活力对商业区位价值总资本化效应的 16.2%。

表 6-2　　　　消费活力对商业区位价值的影响效应实证结果

变量	方程（1） ln(PRICE)	方程（2） ln(PRICE)	方程（3） ln(PRICE)
ln(AREA)	-0.273 *** (0.0816)	-0.302 *** (0.0794)	-0.300 *** (0.0782)
ln(FARATIO)	-0.176 (0.265)	-0.147 (0.255)	-0.162 (0.256)
TYPE = 2	0.435 * (0.253)	0.242 (0.248)	0.150 (0.260)
ln(D_CENTER)	-0.512 *** (0.125)	-0.505 *** (0.104)	-0.483 *** (0.104)
ln(OPENSPACE)	0.0382 (0.112)	0.0270 (0.0926)	0.000167 (0.0903)
ln(N_CON)		0.339 *** (0.0537)	0.284 *** (0.0714)
ln(DIVERSITY)			3.288 * (0.755)
时间趋势	0.0190 ** (0.00892)	0.0235 *** (0.00789)	0.0220 *** (0.00787)
常数项	15.32 *** (1.943)	15.53 *** (1.604)	13.46 *** (1.888)
季节性	是	是	是
街道固定效应	是	是	是
样本量	95	95	95
拟合优度 R^2	0.487	0.571	0.584

注：（1）回归方程中依据宗地所在行政区做聚类异方差分析；（2）括号中为 t 统计量；（3）*** 、** 和 * 分别表示估计结果在 1%、5% 和 10% 的置信度下显著。

综上所述，消费活力在商业用地区位价值中的资本化效应十分显著，消费活力的数量和多样性指标每增加 1 个标准差，商业用地价格提高 0.26 到 0.29 个标准差。当然，出于实际操作的难度，本书只能通过多样性指标粗略度量零售商集聚的正外部性。

6.1.3　内生性问题及解决方案

实证检验了消费活力对商业区位价值的影响，并探讨了零售业集聚造成的正外部性对于提高商业区位价值的作用。然而，实证中存在显著的内生性问题。例如，上节虽然用宗地出让上一年度周边区域的消费活力来解释当年的商业用地价格，但也并不能完全解决内生性问题：一是遗漏变量问题，对某些未来有较大开发潜力的区位，预期效应及基础设施和周边配套的投资，都可能会导致商业用地价值及消费活力同时提升；二是可能的反向因果问题，某地块若被市场预期未来有可能会公开招拍挂，或者存在较高的地价升值空间，有可能会吸引到许多零售商前来选址开店。

为了进一步缓解内生性问题，本节利用第 4 章和第 5 章的实证研究结论，首先根据宗地周边的道路和轨道交通状况，测算市场潜力，即 30 分钟内通过道路和轨道交通网络能够到达出让地块的人口规模，并计算宗地周边 2 千米范围内的道路节点密度，并据此估计消费活力——事实上是以相应区位的全局和局部尺度上的交通可达性来作为零售店数量（N_CON）及多样性（$DIVERSITY$）的工具变量。这样做的原因，是全局和局部尺度的交通可达性仅通过影响相应区位"接近消费者的能力"来影响商业用地区位价值。

式（6.3）用商业地块 i 周边 2 千米范围内在上一年度的市场潜力（$MS30_{i,t-1}$）和道路节点密度（$JUNCTION_{i,t-1}$）解释并预测了零售店的数量（$N\_CON_{i,t-1}$），L_i 控制了地块的区位属性，包括到市中心的距离以及周边的公共开敞空间面积（表征土地供给弹性）等。当然，结合第5章实证，本节依然利用1947年的历史道路长度作为道路节点密度的工具变量。类似地，用全局尺度的市场潜力和局部尺度的道路节点密度解释并预测地块周边上一年度的餐馆多样性。

$$\ln(N\_CON_{i,t-1}) = \gamma_0 + \gamma_1 L_i + \gamma_2 \ln(MS30_{i,t-1}) + \gamma_3 \ln(JUNCTION_{i,t-1}) + \varepsilon_{i,t-1}$$

(6.3)

$$\ln(PRICE_{it}) = \alpha_0^* + \alpha_1^* X_i + \alpha_2^* L_i + \alpha_3^* T_t + \alpha_4^* \ln(N\_CON_{i,t-1}^P)$$
$$+ \alpha_5^* \ln(DIVERSITY_{i,t-1}^P) + \varepsilon_{it}$$

(6.4)

将依据式（6.3）所估计的零售店数量（N_CON^P）和多样性（$DIVERSITY^P$）代入式（6.4）。利用市场潜力和道路节点密度仅通过影响相应区位"接近消费者的能力"影响消费活力这一经济机制，可以较为准确地估计消费活力对提高商业区位价值的影响效应。与上节类似，这里依然用多样性作为零售店集聚效应的一个简单表征。

本节实证所涉及的变量描述性统计如表6-3所示。其中，$JUNCTION$、$MS30$、$ROAD1947$的计算方法与前文均相同，针对商业地块周边2千米范围展开统计和计算。其中，$MS30$变量中通过地铁获得的市场潜力根据每一宗土地出让上一年度的地铁网络进行计算，通过道路网络获得的市场潜力则均按当前道路进行计算。由于道路网络无法向前追溯，这成为本节实证中难以避免的一个局限性。

表6-3　　　　　解决内生性问题所涉及的变量描述性统计

变量	定义	均值	标准差
$JUNTION$	出让地块周边2千米范围内道路节点数量（个）	388.69	176.86
$MS30$	出让地上一年度的市场潜力（万人）	70.29	45.51
$ROAD1947$	出让地块周边2千米范围内在1947年时的道路长度（千米）	14.22	4.53
N_POI^P	根据市场潜力和连通性预测的零售店数量（个）	78.44	90.57
$DIVERSITY^P$	根据市场潜力和连通性预测的餐饮店多样性	1.91	0.33

表 6 - 4 报告了用市场潜力和连通性解释和预测宗地周边消费活力的实证结果。表 6 - 4 的回归结果与第 4 章和第 5 章的实证研究结论基本一致，市场潜力和道路节点密度均对消费活力有显著的正向影响。进而可以通过表 6 - 4 的回归结果预测各个地块周边的消费活力。

表 6 - 4 　　　　　以市场潜力和连通性解释预测宗地周边的消费活力

变量	方程（1） ln(N_CON)	方程（2） ln(DIVERSITY)
ln(D_CENTER)	- 0.173 (0.179)	- 0.0350 *** (0.0135)
ln(OPENSPACE)	- 0.102 (0.220)	0.00192 (0.0167)
ln(MS30)	0.381 *** (0.0823)	0.00689 *** (0.00224)
ln(JUNCTION)	2.842 ** (1.323)	0.187 * (0.100)
常数项	- 17.87 *** (6.396)	2.389 *** (0.485)
街道固定效应	是	是
样本量	95	95
F 统计量	25.91	14.95
拟合优度 R^2	0.268	0.338

注：（1）回归中用历史道路长度（ROAD1947）作为道路节点（JUNCTION）的工具变量，采用两阶段最小二乘法回归方法；（2）括号中为 t 统计量；（3）***、** 和 * 分别表示估计结果在 1%、5% 和 10% 的置信度下显著。

将根据表 6 - 4 预测的消费活力相关变量——零售店的数量和多样性代入式（6.4），回归结果如表 6 - 5 所示。方程（2）在传统的特征价格模型基础上加入由市场潜力和连通性预测的零售店数量（N_CON^P），回归结果表明，零售店数量每增加 1 个百分点，商业用地的价格上升 0.309 个百分点（零售店数量每增加 1 个标准差，商业用地的价格上涨 0.24 个标准差）；进一步加入多样性指标，发现多样性每提高 1 个百分点，商业用地的价格上升 3.132 个百分点（多样性每提高 1 个标准差，商业用地的价格上涨 0.28 个标准差）。这两个变量的回归系数与表 6-2 相比均有所降低，意味着内生性问题导致方程高估了消费活力对商业区位价值的影响效应。方程（3）在加入多样性变量之后，$\ln(N\_CON^P)$ 的回归系数从方程（2）中的 0.309 降低至 0.262，减小了 15.2%。

表 6-5　　　消费活力对商业区位价值的影响效应——二阶段估计结果

变量	方程（1）ln(PRICE)	方程（2）ln(PRICE)	方程（3）ln(PRICE)
ln(AREA)	-0.273 *** (0.0816)	-0.274 *** (0.0812)	-0.289 *** (0.0863)
ln(FARATIO)	-0.176 (0.265)	-0.148 (0.264)	-0.147 (0.266)
ln(D_CENTER)	-0.512 *** (0.125)	-0.509 *** (0.123)	-0.430 *** (0.119)
ln(OPENSPACE)	0.0382 (0.112)	-0.0153 (0.109)	-0.00942 (0.107)
ln(N_CON^P)		0.309 *** (0.0385)	0.262 *** (0.0774)
ln(DIVERSITY^P)			3.132 ** (1.401)
时间趋势	0.0190 ** (0.00892)	0.0237 ** (0.00902)	0.0219 ** (0.00934)
常数项	15.32 *** (1.943)	15.52 *** (1.889)	11.04 *** (2.506)
出让类型	是	是	是
季节性	是	是	是
街道固定效应	是	是	是
样本量	95	95	95
拟合优度 R^2	0.487	0.511	0.531

注：（1）回归方程中依据宗地所在行政区做聚类异方差分析；（2）括号中为 t 统计量；（3）***、** 分别表示估计结果在 1%、5% 的置信度下显著。

利用特定区域内的全局和局部可达性仅通过影响市场规模影响消费活力，从而传导至区位价值的特征，缓解了消费活力对商业区位价值影响中的内生性问题。实证研究表明，消费活力的数量和多样性指标每增加 1 个标准差，商业用地的价格提高 0.24~0.28 个标准差。我们用零售店的多样性粗略度量集聚的正外部性，发现多样性带来的资本化效应约占消费活力在商业区位价值资本化效应的 15%。受数据可得性所限，本书难以准确度量零售店集聚的正外部性，因而也低估了消费活力对商业区位价值的提升效应。

6.2 消费活力对居住区位价值的影响

6.2.1 实证分析思路与模型设定

丰富和多样化的消费机会提高了周边居民的生活质量，从而提高居民对居住用地的支付意愿，这会反映到房价（或房租）的提升上。实证研究中，在房价（或房租）的特征价格模型中纳入度量消费活力的变量，就可以估计消费活力对居住区位价值的影响。然而，两者之间的内生性导致这种方法存在比较严重的偏差：零售店集聚、消费活力较高的区域，往往能吸引更多高技能和高收入群体，他们对消费活力和生活质量的需求更高，从而提高住房的价格（租金）；与此同时，高收入群体的聚集带来了人力资本的提升，为相应区位创造了更多的社交机会和创新活力，且他们对高质量消费机会的需求又会得到零售商的响应，从而进一步提高零售店的数量和多样性。由此通过"滚雪球"效应进一步提高了房价。

而近年来北京市地铁网络的不断拓展，则为缓解内生性问题提供了良好的外生冲击，使本书可以更好地识别因果关系。根据 4.4 节，地铁站的开通大幅提高了站点周边的市场潜力，从而提升了站点周边区域的消费活力，此时这些区位消费活力的提升是相对外生的由新增地铁站带来的，这种相对外生的消费活力的提升也会反映到房价（或房租）中去，成为地铁站资本化效应的组成部分。在现有研究的基础上，很容易定量估算地铁站在房价（或房租）中的资本化效应，该资本化效应包含居民对可达性提高的支付意愿（直接效应）、对周边更丰富多样的零售店的支付意愿以及上文所述的"滚雪球"效应（间接效应）。本节试图将居民对周边更丰富多样的零售店的支付意愿从地铁站的资本化效应中剥离出来，以此说明消费活力对居住区位价值的影响效应。

当然，地铁站的选址本身也存在一定的内生性，在人口密度较高或商业更繁荣的区域更可能优先开通地铁。针对这个问题，与 4.4 节相同，本节进一步引入原有地铁站周边区域通过新建地铁线路加入地铁网络形成的市场潜力这一连续变量，这一变量可以反映新增地铁线路对原有地铁站点的影响——原有站点通过新增的地铁线路可以连通更多区域与人口，从而提高了市场潜力，进一步推动了商业繁荣，因此能够缓解地铁站选址的内生性问题。

本节实证利用房屋中介"我爱我家"的租赁交易样本，估计地铁开通后房租的提升效应以及其中由消费活力所带来的间接效应所占的比重。与住房价格相比，租金更准确地反映了住房的使用价值，而排除了预期效应（甚至可能是非理性预期）对价格的影响。参考 4.3 节，为了尽可能地将地铁开通的影响与其他基础设施建设提高房租的影响加以区分，选取 2005～2014 年开通的地铁站，对其周边 400 米范围内的所有租赁样本进行实证研究，式（6.5）为针对房屋租赁样本的基础特征价格模型。

$$\ln(RENT_{k,ijt}) = \beta_0 + \beta_1 Z_{k,t} + \beta_2 CONNECT_{jt} + T_t + \delta_j + \mu_{k,ijt} \quad (6.5)$$

其中，$RENT_{k,ijt}$ 为地铁线 j 上的 i 站点周边 400 米范围内的房屋 k 在 t 年份的租金，$Z_{k,t}$ 为房屋 k 的物理属性和区位属性，包括房屋面积、房龄、装修情况、是否位于顶层以及到市中心、小学和医院的距离等。*CONNECT*$_{jt}$代表地铁线 j 在 t 年份是否开通（开通则取 1，否则取 0）。T_t 控制了年度固定效应，δ_j 控制了地铁线固定效应。① *CONNECT* 的系数 β_2 度量了地铁站开通之后周边区域房租上涨的幅度，其中包含地铁站开通后居民对可达性提高的支付意愿（直接效应），以及对周边内生生活质量上升的支付意愿和"滚雪球"效应（间接效应）。式（6.6）将其中由周边消费活力提高带来的间接效应加以区分。

$$\ln(RENT_{k,ijt}) = \beta_0' + \beta_1' Z_{k,t} + \beta_2' CONNECT_{jt} + \beta_3' \ln(OPENING_{ijt}^P)$$
$$+ \beta_4' \ln(DIVERSITY_{ijt}^P) + T_t + \delta_j + \varepsilon_{k,ijt} \qquad (6.6)$$

其中，$OPENING_{ijt}^P$ 表示站点 i 周边 400 米区域内在 t 年新增的餐馆数目，$OPENING_{ijt}^P$ 表示站点 i 周边 t 年度餐馆的多样性，这两个指标是根据 4.3 节的实证结果预测所得——研究表明，地铁站的开通会显著增加周边的消费活力，即餐饮店的数量和多样性都有所增加。

式（6.6）中，预计有 $\beta_3' > 0$，$\beta_4' > 0$，这两个系数可以反映消费活力的提高在房租中的资本化效应。然而由于消费活力提高房价（或房租）的效应中也存在"滚雪球"效应，这两者都无法准确区分消费活力带来的房租上涨和此后由于人力资本提升等"滚雪球"效应带来的房租上涨。因此，本节并不特别关注这两个回归系数的具体数值。正是由于这两个变量将消费活力的资本化效应从地铁站的资本化效应中区分了出来，因而预计有 $\beta_2' < \beta_2$，且减小的部分，即为消费活力提高房租的效应在地铁站资本化效应中所占的比重，这是本节所着重关注的、相对准确的估计结果。当然，β_2 中仍包含其他间接效应，例如空气质量、街区环境改善等其他内生生活质量导致的房价提高，但这些并不是本节实证研究的重点。

---

① 由于单个地铁站周边每年的房屋租赁样本有限，平均仅有 5 个租赁样本，不足以进行回归分析，因而，本节研究仅控制地铁线固定效应，而不沿用 4.3 节控制地铁站固定效应的做法。

地铁站选址和开通与否本身具有内生性，可能受到原有的人口分布、商业环境等因素的影响。因此，进一步将反映地铁开通与否的变量（*CONNECT*）替换为通过地铁获得的市场规模的变量（*MARKET_SIZE*），以此作为稳健性检验。由于*MARKET_SIZE*的计算仅涉及初始人口，而不包含由于地铁开通所带来的人口重分布，所以该变量可以反映新增地铁线路对原有站点周边区域市场潜力的影响，这一影响相对外生。最后，将研究范围扩大到地铁站周边800米范围之内作为稳健性检验。

表6-6报告了本节实证研究所关注的地铁站周边400米范围内所有租赁样本相关变量的描述性统计。

表6-6 房屋租赁样本相关变量描述性统计

变量	定义	均值	标准差
RENT	房屋月度租金（元/平方米）	47.62	24.75
SIZE	房屋面积（平方米）	68.95	34.98
DURATION	租期（月）	11.75	4.00
DECORATION	装修：4 = 精装；1 = 毛坯	2.76	1.23
AGE	房龄（年）	10.91	7.71
TOP	房屋是否位于顶层：是 =1；不是 =0	0.12	0.32
D_CENTER	房屋到市中心天安门的距离（千米）	9.47	4.40
D_SCHOOL	房屋到最近重点小学的距离（千米）	2.58	2.369
D_HOSPITAL	房屋到最近三甲医院的距离（千米）	2.42	2.02
CONNECT	地铁站在当年是否开通：开通 =1；未开通 =0	0.45	0.50
MARKET_SIZE	通过地铁网络获得的市场潜力	3.58	3.26
OPENING[P]	地铁站周边区域每年新增的餐馆数目（个）（据4.3节实证结果预测所得）	4.63	9.07
DIVERSITY[P]	地铁站周边区域餐馆的多样性（据4.3节实证结果预测所得）	4.10	4.65

注：*MARKET_SIZE*度量了每个地铁站点通过地铁网络获得的市场潜力，为站点周边人口密度对地铁交通时间反向加权求和。

6.2.2　消费活力在地铁站资本化效应中的占比分析

表 6-7 报告了式（6.5）和式（6.6）的实证结果。方程（1）估计了开通地铁后站点周边 400 米范围内房租的上涨幅度，*CONNECT* 系数为 0.238，即房租在地铁开通后上涨了 23.8%，其中包含直接效应和间接效应。方程（2）加入了根据市场潜力和连通性预测的消费活力指标：零售店的数量和多样性。方程（2）说明消费活力的确对房屋租金有显著的正向影响，而更重要的是，由于加入了这两个表征消费活力的变量，*CONNECT* 的系数从 0.238 减小到 0.169，减小了 29.0%（统计意义上显著）。这意味着由于地铁开通后消费活力提高而导致的房租提高，占地铁站资本化效应的 29%。

表 6-7　　消费活力在地铁站房租资本化效应中的占比实证研究

变量	方程（1） $\ln(RENT)$	方程（2） $\ln(RENT)$	方程（3） $\ln(RENT)$	方程（4） $\ln(RENT)$
CONNECT	0.238 *** (0.0857)	0.169 *** (0.0479)		
$\ln(MARKET\_SIZE)$			0.0613 *** (0.0183)	0.0361 *** (0.0105)
$\ln(OPENING^P)$		0.00667 (0.0162)		0.0120 (0.0163)
$\ln(DIVERSITY^P)$		0.149 *** (0.0271)		0.136 *** (0.0277)
常数项	0.238 *** (0.0857)	0.169 *** (0.0479)	0.103 ** (0.0423)	0.0802 ** (0.0391)
物理和区位属性	是	是	是	是
年度固定效应	是	是	是	是
地铁线固定效应	是	是	是	是
样本量	2467	2467	2467	2467
拟合优度 R^2	0.492	0.552	0.499	0.550

注：（1）回归方程中依据房屋租赁样本所在小区做聚类异方差分析；（2）括号中为 t 统计量；（3）*** 、** 分别表示估计结果在 1%、5% 的置信度下显著。

方程（3）和方程（4）将0—1变量 *CONNECT* 替换为连续变量 *MARKET_SIZE*，即地铁站周边区域通过地铁网络所获得的市场规模，这一变量可以体现修建新的地铁线路后，原有站点通过地铁连接更多的区位和人口、获得更大的市场潜力。新增地铁线路对原有站点的进一步影响相对更加外生，可以缓解地铁选址受到人口和商业环境影响的内生性问题。回归结果表明，由于消费活力相关变量的加入，$\ln(MARKET\_SIZE)$ 的系数从0.0613减小为0.0361，减小了41%（统计意义上显著）。

表6－8将实证研究的范围扩大到地铁站周边800米范围内的房屋租赁样本。方程回归结果表明，在加入消费活力的相关指标之后，*CONNECT* 的回归系数降低了22%，略小于表6－7估计所得的29%，但依然在统计意义上显著。表6－7和表6－8中，$\ln(OPENING^P)$ 和 $\ln(DIVERSITY^P)$ 的回归系数并不稳健，表现出一个显著而另一个不显著的现象。这是由两者间较强的相关关系导致的。结合消费活力提高区位价值中存在的"滚雪球"效应，可见，直接度量消费活力对居住区位价值的影响效应十分困难。这也是为什么本节并不着重关注消费活力相关变量的回归系数，而是致力于剥离地铁站资本化效应中由于消费活力的提高而造成的部分。

表6－8　　　　消费活力在地铁站房租资本化效应中的占比——稳健性检验

变量	方程（1） $\ln(RENT)$	方程（2） $\ln(RENT)$
CONNECT	0.103 ** (0.0423)	0.0802 ** (0.0391)
$\ln(OPENING^P)$		0.0384 ** (0.0161)
$\ln(DIVERSITY^P)$		−0.00443 (0.0463)

续表

变量	方程（1） ln(RENT)	方程（2） ln(RENT)
常数项	0.103 ** (0.0423)	0.0802 ** (0.0391)
物理和区位属性	是	是
年度固定效应	是	是
地铁线固定效应	是	是
样本量	11170	11170
拟合优度 R^2	0.483	0.488

注：（1）表中所选用样本为地铁站周边 800 米范围内的房屋租赁交易；（2）回归方程中依据房屋租赁样本所在小区做聚类异方差分析；（3）括号中为 t 统计量；（4）** 表示估计结果在 5% 的置信度下显著。

6.3　本章小结

本章实证检验了消费活力对于区位价值的影响效应，分别探讨了在商业区位价值和居住区位价值中的资本化效应。实证研究得出以下主要结论。

第一，消费活力能够为消费者和零售商带来集聚经济收益，因此，正向资本化到商业区位价值当中。消费活力的数量和多样性指标每提高 1 个标准差，商业用地的价格提高 0.24 到 0.29 个标准差。由于零售店的相互集聚带来了竞争压力（负向影响区位价值）和正外部性（正向影响区位价值），而本书受数据可得性所限仅通过多样性粗略度量了零售店集聚的正外部性，因此对消费活力影响商业用地区位价值的效应有所低估。

第二，消费活力能够有效提升周边居民的生活质量，因此，正向资本化到居住区位价值当中。本章估算了地铁站点周边房租的上涨幅度，并将其分解为交通可达性提高带来的直接效应和消费活力提高带来的间接效应，发现后者占地铁资本化效应的29%到41%。

本章研究的最大难点在于严重的内生性问题：包括反向因果、遗漏变量、城市更新中的"滚雪球"效应等多种因素。本章灵活运用各种不同方法缓解内生性问题，包括以下几种不同的做法。

第一，根据本书的实证结论，根据交通网络估算出相对外生的消费活力指标，分析其对商业区位价值的影响。这里利用特定区位上全局和局部可达性仅通过影响市场规模（包括潜在消费者规模和周边消费者规模）来影响消费活力，并传导至商业区位价值的特征，缓解了消费活力与商业区位价值之间的内生性问题。

第二，利用北京市地铁网络不断拓展，尤其是新建地铁线对原有站点周边区域交通可达性的影响作为外生冲击。本书将地铁站在房价（或房租）中的资本化效应分解为由交通可达性提高带来的直接效应和消费活力提高带来的间接效应。利用新增地铁线路的事件冲击，剥离出消费活力的资本化效应在地铁站总资本化效应中的比例，以此衡量消费活力对居住区位价值的影响。

此外，为了缓解地铁选址中本身存在的内生性问题，分析了新增地铁线路对原有地铁站点全局可达性的进一步提升效应，这种相对外生的冲击增加进一步推动了原有地铁站点周边的商业繁荣，并资本化到房价（或房租）中。用同样的实证模型，将消费活力进一步提高的资本化效应从全局可达性进一步提高的房价资本化效应中剥离出来。

第三，利用初始人口，结合地铁网络的不断拓展测算市场规模，避免地铁开通后人口在城市空间中的重分布对区位价值和消费活力的影响。

第7章

研究结论

随着城市经济结构转型，居民收入和受教育水平的提高，对城市功能的需求逐渐从提高生产率转变为生产和消费并重，高质量的消费机会已经成为吸引高技能人力资本、提升城市可持续发展能力的重要因素。近些年来，消费城市理论正在成为城市经济学国际学术界的前沿研究方向之一，对其经济机制的研究对于理解城市经济转型和内生增长具有重要的理论和现实意义。这一研究领域的开拓为中国城市经济学者的研究带来了重要的研究和创新机会。

目前国际学术界关于消费城市的微观经济机制尚未研究透彻。现有的学术研究多关注在城市和区域层面，消费活力较高的城市如何吸引高技能劳动力从而推动城市可持续增长；而在城市内部，尚缺乏对于消费者行为机制和消费活力空间布局形成机制的研究。中国大城市的消费空间正处于快速形成和演变期，这为我们在中国城市中开展上述微观机制研究提供了很好的试验场。

之前国际城市经济学界对于城市经济空间结构的研究，主要集中在居住、就业和公共服务的空间互动上。如何将内生的本地化消费机会纳入城市空间结构的一体化研究体系中，尚缺乏足够的机制阐述与实证研究。而私营部门创造的消费机会，必然会与居住选址、企业选址和交通选择相互作用，并受到城市规划、土地利用和交通基础设施布局的影响，因此，有必要纳入现有的城市空间结构相关研究的体系中去，也将是该领域的一个很有潜力的学术增长点。

中国城市政府正在大力推动道路及轨道交通基础设施建设，希望借此实现城市扩张和空间布局调整的目标，促进沿线区域的城市更新和商业繁荣。为了辅助政府的科学决策，一方面，有必要研究道路及轨道交通建设对城市空间中商业活动空间布局造成的影响效应，衡量其是否实现了调整空间布局、提高消费活力的目标；另一方面，这种大规模的基础设施建设为消费活力研究提供了大量的"事件冲击"，并有助于有效识别经济机制中的因果关系。

在国际前沿研究的基础上，本书着重关注城市空间中土地利用和交通体系在降低交通成本、塑造城市消费空间方面的经济机制。本书首先从市场规模理论出发，分析了城市中由人口分布和交通成本共同决定的市场规模对提高零售店数量和多样性的影响机制；之后，以北京市为实证研究对象，利用城市空间中丰富的多维度微观数据，精确度量城市各个区位通过交通体系所获得的潜在消费者规模，以及街区层面的连通性特征将潜在消费者规模转化为周边消费者规模的能力，实证检验这两个层面的作用机制对消费活力的影响效应；在此基础上，利用特征价格模型测定消费活力对提升商业用地和居住用地区位价值的效应。

7.1 主要研究结论及对相关决策的经济含义

7.1.1 主要研究结论

（1）理论分析表明，城市中的人口（或就业）分布与交通可达性共同影响了消费活力，而消费活力又会进一步资本化到商业用地和居住用地的价格中。

零售店进入市场需要满足一定的市场规模"门槛"条件。因此，市场规模越大，零售店的数量越多，多样性水平越高。城市空间中的市场规模由人口（或就业）分布与交通可达性共同决定。在全局尺度，人口（或就业）分布与全局可达性共同决定了潜在消费者规模（市场潜力）；在局部尺度，以步行友好性和停车便利性度量的连通性水平影响了"潜在消费者"进一步接近具体的零售店、转化为"周边消费者"的能力。

消费活力越高的区位，可以通过集聚经济的机制提高商业用地价值，通过影响居住选址的机制提高居住用地价值。

（2）在城市全局尺度上，居民通过交通体系获得的"移动速度"越大（全局可达性越高），各区位零售店的潜在消费者规模（市场潜力）就越大，从而也越有利于提高消费活力。

在城市全局尺度，本书基于真实的道路网络和轨道交通网络，利用ArcGIS的网络分析模块模拟分析居民在交通网络中的通行路径和通行时间。对于各个空间分析单元，估算一定时间范围内从周边地区可达该区位的所有空间范围，将其中的居住（或就业）人口根据交通时间进行反向加权求和。在测算中，充分考虑了交通拥堵的影响。根据这一测算方法，对于任一空间分析单元（2 千米 ×2 千米网格），30 分钟内可达的人口规模平均约为 60 万人，这即为一个网格在 30 分钟的时间范围内可得的市场潜力，也是其中零售店所面临的潜在消费者规模。市场规模在空间上存在较大的差异性：在五环内，市场潜力平均约为 100 万人，而在五环外，平均仅有 26 万人。用其他交通时间范围（45 分钟、60 分钟等）计算得到的市场潜力指标具有同样的变化规律。

实证研究表明，交通体系对消费活力的影响具有全局性，良好的交通条件会大幅降低城市空间中的通行时间，对于零售店而言，短时间内可达的消费者数量就会增加，也就更容易满足进入市场的最低门槛。且合适的时间尺度对于度量市场潜力十分重要，选取的时间尺度过短或过长，均会低估市场潜力的影响。实证发现，度量零售店市场潜力的最合适通行时间尺度为 30 ~ 45 分钟。市场潜力每提高 1 个标准差，零售店的数量将增加 0.35 ~ 0.77 个标准差，多样性则会提高 0.41 ~ 0.48 个标准差。

不同类型的消费空间对于市场潜力的敏感性有所区别。具有更高集聚特征的购物中心这一类消费空间，相对更依赖全局的市场潜力，因此对市场潜力指标较为敏感；而相对分散的沿街类零售店，则更多地面向周边区域消费者，因此对本地人口规模更为敏感。实证发现，全局尺度市场潜力对高度集聚的购物中心的影响效应约为沿街零售店的20 倍。

拥堵对城市各个区位的市场潜力都造成了很大的损害，交通拥堵使得北京城市化地区的市场潜力平均降低了 80%，基于市场潜力对消费活力影响的实证研究结果，拥堵使得消费活力指标减少了 88%。而在拥堵不可避免的情况下，大规模轨道交通建设成为缓解拥堵带来的负面影响的有效手段。从 2005 ~ 2014 年，北京市地铁网络的不断扩展使得市场潜力平均增加了约 50%，从而使消费活力指标平均增长了 54%。这一涨幅建立在地铁出行占比目前只有 20% 的基础上，如果更多居民选择地铁出行，则各个区位的零售店将获得更大的市场潜力。当然，在现有数据的约束下，本书无法区分其中的空间重分布效应，导致拥堵和地铁对消费活力的影响可能有所高估，也无法区分由于消费机会的集聚加剧拥堵的反向因果关系。

北京市不断扩展的地铁网络对站点周边区域的消费活力起到了十分显著的提升作用。以餐饮店为例，地铁开通之后，站点周边 400 米范围内每年新开的餐馆会增加 18%，餐馆的多样性会提高 24%。实证还表明，地铁的开通导致了部分餐馆在空间上的"重分布"：距离地铁站较远区位上的零售店会被"虹吸"到地铁站周边。

（3）在城市局部尺度上，土地利用和交通体系的规划设计特征形成的连通性水平越高，越有利于提高消费活力。

在局部尺度，街区内的连通性影响了消费者在单次消费出行"末梢"的便利性（局部可达性），从而影响了潜在消费者转化为周边消费者的能力。本书分别研究了路网密度和停车便利性两种局部尺度的连通性对消费活力的影响。前者对于不同交通方式的消费者在出行"末梢"上的便利性均有影响，主要影响乘坐公共交通工具的消费者在出行"末梢"的便利性。后者则主要影响私家车出行的消费者在出行"末梢"上的停车便利性。

本书用道路节点的密度和路网中小路（宽度较窄）的长度来度量路网密度。城市规划理论往往强调城市街区尺度上高密度路网的重要性，认为其有利于居民的步行，有利于促进居民的户外活动。本书的实证表明，路网密度越高，越有利于"潜在消费者"向周边消费者的转变，所在区域零售店的数量和多样性就越高。实证发现，局部尺度的连通性每提高 1 个标准差，零售店的数量将增加 0.59 ~ 1.93 个标准差，零售店多样性将提高 0.24 ~ 0.9 个标准差。

实际上局部路网密度与商业活动之间存在严重的内生性问题，本书采用新中国成立之前（1947 年）北京市的路网作为当前路网的工具变量，很好地预测了当前局部道路节点密度以及小路的长度。在缓解内生性问题之后，局部尺度的路网密度仍然对提高消费活力有着显著影响，但影响效应有所低估，这说明内生性的确是存在的。

对于私家车出行的潜在消费者，局部尺度上停车便利性极大地影响了其转化为周边消费者的程度。离停车场越近，车位越多且停车成本越低，意味着停车越便捷，消费者也就更愿意选择这样的区位作为消费出行的目的地，因而，这些区位零售店的数量和多样性都更高。此外，局部路网密度事实上也会影响到全局可达性，从而在实证中难以与全局尺度的市场潜力完全区分，利用停车场相关数据，缓解了全局尺度与局部尺度道路网络之间的相关关系。实证发现，停车便利性每提高1个标准差，零售店的数量增加0.39个标准差，多样性约提高0.53个标准差。

不同类型的消费空间对于路网密度和停车便利性的敏感性有所区别。具有更高集聚特征的购物中心这一类消费空间，其消费者选择驾车出行的概率越高，停车便利性对其的影响要更大；而相对分散的沿街类零售店，由于更多面向周边区域消费者，非机动车出行的概率越高，因而，路网密度对其的影响要更大。实证发现，停车便捷性对购物中心的影响效应约为对沿街零售店影响效应的3倍；局部路网密度对沿街零售店的影响效应约为对购物中心影响效应的1.5～5倍。

（4）消费活力通过集聚经济的机制资本化到商业区位价值中，通过消费活力影响居住选址的机制资本化到居住区位价值中，对提高城市各区位的地价或房价产生了显著影响。

消费活力越高，商业区位价值就越高。实证发现，消费活力的数量和多样性指标每增加1个标准差，商业用地的价格增加0.24～0.29个标准差。当然，数量指标中包含了集聚的正外部性和竞争压力（负向影响）两个效应，而多样性指标则仅反映了零售店集聚正外部性中的一小部分，因此受限于数据可得性，本书很可能低估了消费活力对商业区位价值的影响效应。

消费活力越高，居住区位价值越高，由于存在"乘数效应"，本书利用北京市地铁网络的不断拓展作为事件冲击，剥离出地铁站在房价/房租的资本化效应中，由于消费活力提高而带来的间接效应。实证结果表明，由消费活力带来的房租上升占地铁资本化效应的29%~41%。

7.1.2　对相关决策的经济含义

本书主要从土地利用和交通体系的角度研究了城市空间中消费活力的影响因素与作用机制，实证研究结果对政府决策部门和私人经济部门均具有一定的启示意义。

（1）对于城市管理者，有助于其理解消费活力形成的经济机制，为制定合理的城市和交通规划及管理政策提供科学依据。

随着城市经济发展和生活水平的不断提高，越来越多的城市政府开始意识到高质量的消费机会对于吸引高技能劳动力、推动城市可持续发展的积极作用。但是，与城市政府能够很大程度上掌控的地方公共服务供给不同，私营部门供给的消费机会主要遵循市场机制。因此，城市政府难以直接通过规划手段实现某一区位的商业繁荣，但这并不意味着城市政府无能为力。相反，土地利用和交通基础设施的规划建设会在很大程度上影响城市消费空间的发展和演变。

城市政府可以通过土地利用和交通基础设施的规划建设影响各个区位上的市场规模，引导居民的出行消费行为，促进和实现城市空间消费机会热点区域的合理布局。本书从全局和局部两个尺度对交通体系影响消费活力的研究结论，意味着城市规划和管理者在全局尺度可以制定更为合理的城市交通基础设施选址策略，更好地结合城市空间中的人口（及就业）分布增加或调整各个区位的市场潜力；在局部尺度可以形成更加科学的街区设计方案，提高连通性，促进商业活动，提高城市空间中的消费活力和生活质量。

在交通拥堵在许多大城市已经成为常态的情况下，合理的轨道交通选址有利于促进消费活力、提升区位价值。本书定量分析了交通拥堵对全局可达性的负面影响，进一步传导至对消费活力的损害。城市规划和管理者可以通过拓展轨道交通网络来缓解交通拥堵造成的负面影响。本书的实证研究给出了轨道交通对消费活力的直接提升作用以及新建地铁线路提升原有站点周边市场潜力和消费活力的间接效应，并测算得到这些效应资本化到商业用地和居住用地价格中的程度。这意味着需要从全局尺度估计和测算地铁建设所带来的经济和社会价值，为此类基础设施投资的成本效益分析提供了分析思路和基础参数。

（2）对于私营部门（如零售企业和住宅开发企业）以及居民家庭，本书的分析思路及结论有助于提高其区位选址的科学性。

零售企业可以根据自身的特征（如规模、消费群体及多样性特征），合理评估在不同区位可能获得的潜在消费者和周边消费者的规模，并结合区位价值差异，选择最合适的区位。例如，对于市场范围较大的零售店，可以更侧重对区位全局可达性的考量；对于面向周边居民的零售商，可以更侧重对各区位局部可达性的考量。住宅开发企业可以关注商业与居住区位价值的互补性，将对各区位消费活力的当前和未来判断纳入区位选择的考虑因素。不同居民群体对消费机会的规模和多样性会有明显的偏好差异，因此，本书的分析思路也有助于居民家庭的居住选址，这又会反馈到零售企业和住宅开发企业的需求分析中。

7.2　主要学术贡献

（1）本书提出了结合全局和局部两个尺度分析城市消费活力影响因素和作用机制的研究框架。之前的研究往往仅在某一尺度展开分析，本书将两个尺度有机结合起来，提出了系统的分析框架。首先，从全局尺度上度量各个区位的交通可达性，用"一定时间范围内可达的所有人口规模"作为该区位潜在的消费者规模（即市场潜力），分析不同区位上市场潜力的差异对消费活力的影响；其次，在上述市场潜力的基础上，用城市局部尺度上的出行便捷性度量潜在消费者转化为周边消费者的能力，从而进一步探讨在市场潜力相同的情况下，不同区位消费活力仍然存在差异的原因。

（2）本书利用城市空间多维度微观数据，提出了基于道路和地铁出行路径测度市场潜力的方法。本书充分利用城市交通网络相关的大数据平台，通过抓取网络数据获取城市道路和轨道交通体系中的细节参数特征。据此"模拟"居民在交通体系中的移动路径和速度，从而可以分析城市任意两点间的可达性（交通时间），并结合北京市交通网络的运行特征，充分考虑了拥堵对可达性的影响。本书在这方面的研究能够为基于市场潜力的其他研究提供分析技术和重要参数。

（3）无论是全局或局部尺度的交通可达性对消费活力的影响，还是消费活力对区位价值的影响，内生性是最为突出而又难以回避的问题。本书用多种方法缓解了内生性问题，验证了实证研究的稳健性，也为后续研究提供了借鉴。本书中用到的方法包括：一是利用初始人口，结合地铁网络的不断拓展测算市场规模，避免地铁开通后人口在城市空间中的"重分布"带来的内生性问题；二是利用北京市地铁网络不断拓展作为外生冲击，研究市场潜力增加对消费活力的影响，并能够剥离出地铁站在居住区位价值中的资本化效应中，由于消费活力提高而导致的间接效应；三是利用新中国成立之前的历史路网，作为当前路网的工具变量，缓解土地利用和交通规划与商业活动之间的内生关系。

（4）本书从商业活动角度丰富了土地利用和交通互动的研究体系，同时也拓展了消费城市经济学研究在城市空间中的研究方法。本书着重从商业活动的层面关注土地利用和交通的互动机制。探讨了土地利用空间格局下人口（及就业）分布、交通体系运行所形成的交通速度及便利性对人们消费出行行为及消费机会空间布局的影响。同时也给出了消费活力如何进一步影响零售商及居民对城市各个区位的支付意愿，从而传导至土地区位价值的经济机制。本书对这些经济机制的验证和定量效应测算更加明晰了土地利用和交通互动研究体系中商业活动所处的位置及与居住、就业和交通要素的互动关系；同时也将主要在城市宏观层面开展的消费城市经济学研究拓展到了城市空间内部，与城市规划的相关研究更好地实现交叉和整合。

7.3 研究的局限性与后续研究计划

7.3.1 主要局限性

（1）受数据可得性所限，无法从质量维度度量消费活力。本书基于"大众点评网"收录的零售店信息，从数量和多样性的维度度量了城市空间各区位上的消费活力。这是由于私营部门供给的消费机会遵循市场机制，所以可以从供给端的数量、多样性角度来度量。但事实上，质量维度对于考量不同区位的商业繁荣情况也有着重要意义，它反映了不同区位零售业所面向的不同消费者群体，也反映了周边的人力资本情况。未来如果能够进一步补充完善零售店的相关数据，可以丰富消费活力的度量方法。

（2）受数据质量所限，无法准确度量城市各个区位上零售店的进入、迁移和退出，无法区分零售店的新增和空间重分布，导致实证研究中存在一定的偏误。由于目前收录城市零售店的网站或平台均未对零售店的倒闭或迁移进行及时和准确的记录，因而，本书获得的数据与实际情况相比仍有偏差，主要存在以下三种情况：一是零售店异地重新开业没有记录，而这实际是消费活动在空间上"重分布"的重要体现；二是倒闭并被网站后台清理的零售店无法追溯，而零售店的倒闭实际上对度量消费活动的空间"重分布"以及结构性的演变有重要意义；三是部分零售店倒闭之后未能及时从网站后台删除。未来如果能够通过与数据平台合作的方式记录上述信息，则可以更为准确地反映各个区位商业活动的动态演变。

（3）对居民消费出行的出行方式假定过于简化，忽略了不同交通方式之间的组合和转换。本书假定部分居民通过地铁出行前往消费目的地，部分居民通过道路网络（这里包含公交、出租车和私家车）前往消费目的地，分别度量通过地铁网络和道路网络形成的市场潜力，然后根据出行结构进行加成。而这一假定过于简化，实际上，居民可以在单次出行中组合不同的出行方式，最大化地实现交通时间/货币成本的最优。本书的分析方法忽略了不同交通方式之间的配合，例如从公交换乘地铁的便利性、在地铁站打车的便利性等。未来可以进一步丰富空间数据库中交通体系的细节特征，将不同的交通方式综合起来，衡量居民在这个丰富完整的交通体系中的移动速度。

（4）受数据可得性所限，无法度量潜在消费者或周边消费者的消费意愿及购买力水平。本书仅从交通时间成本的角度度量了消费者接近零售店的难易程度，但在"周边消费者"中，有多少比例实际发生了消费行为，以及他们的消费水平，也对零售店产生了极为重要的影响。对于前者，未来或可结合丰富的多维度大数据观察人们在零售店周边的行为；对于后者，未来可以结合城市空间中高分辨率的收入水平数据，对目前的市场潜力指标进行调整。

（5）尚未有效将居民消费出行活动与其他出行活动整合起来。本书的研究假定消费者仅从居住地出发前往消费场所，由此通过交通体系构建了各个区位的市场潜力。研究中忽略了包含多种出行目的的联合出行行为，如从就业地出发前往消费场所，或者在通勤途中前往消费场所等，实际上这会深刻影响研究中对于"市场潜力"的度量。目前，城市规划界经常探讨的"live-work-play"相融合的设计理念，认为应该通过合理的土地利用和交通规划为城市居民提供这样的机会。未来可以将消费活动进一步纳入城市空间"居住—就业—公共品"的研究框架下，形成"居住—就业—生活"互动的整体分析思路。

（6）本书实证模型及设定中的局限性。一是无法识别消费活力对居住、就业和交通因素的反向作用及由此形成的城市空间动态演变机制。本书探讨了城市空间中人口（及就业）分布与交通体系共同决定的市场规模对消费活力的影响；反过来，消费活力的提高也会加剧响应区位的交通拥堵，会影响周边的居住人口分布和服务业就业分布。这种双向因果关系会带来城市空间中居住、就业、消费活动及交通等要素的动态演变。由于数据和研究方法的限制，本书目前无法对这一动态演变机制进行深入研究。二是无法从供给端准确度量商业活动面临的土地供给限制，及其对消费活力的影响。本书实证研究了由人口和交通共同影响的市场规模对消费活力的影响效应，事实上是从需求端探讨了消费活力的形成机制。而在供给端，大城市普遍面临土地供给受限的事实，这对消费活力的形成同样产生了重要影响。本书根据当前可得的数据，通过控制各区位的公共开敞空间面积大致控制了土地供给弹性，仍有待未来结合高分辨率的城市土地利用数据做进一步分析。

7.3.2 后续研究计划

除了对上述不足之处加以改进和完善之外，在消费城市理论中还存在下述几个值得深入探讨的问题，可以作为后续研究的重点方向。

（1）对城市空间中消费者个体行为机制的探讨。本书实证研究了交通网络中的可达性特征对零售店的数量和多样性的影响，是从"最终"结果来进行研究，但忽略了对行为主体——消费者行为特征的考量。在进行消费出行决策时，居民如何衡量自己通过日常出行选择消费机会的效用和成本？国际学术界的一些学者已经针对这个问题开展了实证研究。进一步还可以探讨不同年龄、职业、收入水平和受教育水平的居民群体之间存在的消费偏好差异，以及这些不同居民群体在出行行为机制中是否存在差异。最后，从相对长期的时间尺度来看，可以研究居民如何通过居住选址选择自己所偏好的消费机会。

（2）更加有效的消费活力的供给与需求中的内生问题。类似于居住—就业研究中长期存在的"是工作跟着人走，还是人跟着工作走"的问题，消费城市的研究中也一直存在生活质量（消费活力）与人口流动之间的内生问题。一些国际前沿研究对于生活质量如何影响居民迁移和选址进行了研究，并试图解决其中的内生性问题。不过其中大多数都以外生的自然条件（日照、温度、自然景观等）为切入点，揭示其对于吸引高技能劳动力并进一步推动内生生活质量提高的作用。而对于原本就内生的诸如本地化消费机会，却鲜少能够解决其中的内生问题，这也是国际学术界一直以来致力于突破的难点所在。

（3）对一些非空间"摩擦"因素影响消费活力的效应研究。本书主要针对居民在城市交通体系中的"空间摩擦"如何影响城市空间中的消费活力展开研究，关注消费出行的时间成本和便捷性等因素。事实上，一些学者还发现，除了空间摩擦之外，一些非空间的摩擦因素也起到了重要作用。例如，空气污染严重降低了居民消费出行的意愿，社区的人口结构、犯罪率等因素影响了其他居民前往消费的可能性。对于中国城市，空气污染要远比发达国家的城市严重得多，同时，城市空间中的居住群分，以及不同社区人口结构、治安水平等方面的差异如何影响消费活力，同样值得研究。

综上所述，本书在"消费城市"理论体系下开展的研究工作取得了阶段性的成果，但仍存在一定的不足和局限性，与国际前沿研究相比更是难以望其项背。在此后的学术生涯中，笔者将继续开展消费城市领域的研究，致力于取得更多的创新与突破。

参 考 文 献

［1］安实、马天超、尹缙瑞：《基于 G-Logit 的停车需求预测模型》，载《数量经济技术经济研究》2001 年第 1 期。

［2］柴彦威、张鸿雁：《城市空间与消费者行为》，东南大学出版社 2010 年版。

［3］陈峻、张辉、梅振宇：《基于供需平衡的城市路内停车合理规模分析模型》，载《公路交通科技》2007 年第 11 期。

［4］丁秋贤、朱丽霞、罗静：《武汉市养老设施空间可达性分析》，载《人文地理》2016 年第 2 期。

［5］董琦、刘航：《南京城市消费空间活力演变研究——基于消费签到数据的空间分析与思考》，新常态：传承与变革——2015 中国城市规划年会论文集，2015 年 4 月。

［6］谷一桢、郑思齐：《轨道交通对住宅价格和土地开发强度的影响》，载《地理学报》2010 年第 65 卷第 2 期。

［7］关宏志、王鑫、王雪：《停车需求预测方法研究》，载《北京工业大学学报》2006 年第 7 期。

［8］胡婉旸、郑思齐、王锐：《学区房的溢价究竟有多大：利用"租买不同权"和配对回归的实证估计》，载《经济学》2014 年第 3 期。

［9］季松、段进：《空间的消费：消费文化视野下的城市发展新图景》，东南大学出版社 2012 年版。

［10］［加拿大］简·雅各布斯：《城市与国家财富》，金洁译，中

信出版社 2018 年版。

[11] 李平华、陆玉麒：《可达性研究的回顾与展望》，载《地理科学进展》2005 年第 3 期。

[12] 李雪梅、许红：《时空价值理论下的停车场定价机制》，载《北京交通大学学报（社会科学版）》2015 年第 2 期。

[13] 林耿、阎小培：《广州市商业功能区空间结构研究》，载《人文地理》2003 年第 3 期。

[14] 陆化普、王继峰、张永波：《城市交通规划中交通可达性模型及其应用》，载《清华大学学报（自然科学版)》2009 年第 6 期。

[15] 陆铭：《大国大城：当代中国的统一、发展与平衡》，上海人民出版社 2016 年版。

[16] ［德］马克斯·韦伯：《经济与社会》，林荣远译，商务印书馆 2004 年版。

[17] 聂冲：《购物中心商铺租金微观决定因素与租户组合实证研究》，浙江大学博士学位论文，2008 年。

[18] 宁越敏：《上海市区商业中心区位的探讨》，载《地理学报》1984 年第 2 期。

[19] ［法］让·波德里亚：《消费社会》，刘成富、全志钢译，南京大学出版社 2001 年版。

[20] 任福田、刘小明：《交通工程学》，人民交通出版社 2003 年版。

[21] ［美］沙朗·佐京：《城市文化》，朱克英、张廷佺、杨东霞、谈瀛洲译，上海教育出版社 2006 年版。

[22] 宋正娜、陈雯：《基于潜能模型的医疗设施空间可达性评价方法》，载《地理科学进展》2009 年第 6 期。

[23] 宋正娜、陈雯、张桂香、张蕾：《公共服务设施空间可达性及其度量方法》，载《地理科学进展》2010 年第 10 期。

［24］孙聪：《城市空间中交通对区位价值与环境的影响机制和效应研究》，清华大学博士学位论文，2015 年。

［25］孙伟增、徐杨菲、郑思齐：《轨道交通溢价的跨市场比较分析——以北京市为例》，载《广东社会科学》2015 年第 6 期。

［26］唐红涛、李泽华：《国外零售集聚研究理论综述及启示》，载《商业经济与管理》2013 年第 3 期。

［27］唐坚梅：《城市或居住区停车位需求分析研究及解决办法》，载《建筑知识：学术刊》2013 年第 9 期。

［28］吴文龙、李欣悦、张洋洋、刘海娟、徐雁南：《基于 GIS 的城市公共体育设施可达性研究》，载《体育研究与教育》2014 年第 5 期。

［29］席强敏、陈曦、李国平：《中国生产性服务业市场潜能与空间分布——基于面板工具模型的实证研究》，载《地理科学》2016 年第 1 期。

［30］谢媛媛、吕拉昌：《城市消费空间研究综述》，载《商业时代》2010 年第 34 期。

［31］徐万晖：《关于城市交通拥堵和车位短缺问题的思考及对策分析》，载《城市》2012 年第 9 期。

［32］徐杨菲、郑思齐、王江浩：《城市活力：本地化消费机会的需求与供给》，载《新建筑》2016 年第 1 期。

［33］薛领、杨开忠：《基于空间相互作用模型的商业布局》，载《地理研究》2005 年第 2 期。

［34］阎小培、周春山、冷勇、陈浩光：《广州 CBD 的功能特征与空间结构》，载《地理学报》2000 年第 4 期。

［35］杨吾扬：《北京市零售商业与服务业中心和网点的过去，现在和未来》，载《地理学报》1994 年第 1 期。

［36］杨吾扬、梁进社：《高等经济地理学》，北京大学出版社 2002 年版。

［37］易武、李硕：《基于 Box-Cox Dogit 停车需求预测模型研究》，载《武汉理工大学学报（交通科学与工程版)》2006 年第 2 期。

［38］张召：《改革开放以来中国消费文化变迁研究——以北京市为例》，北京交通大学博士学位论文，2013 年。

［39］赵宇、张京祥：《中国城市消费型转型研究》，载《发展战略》2010 年第 4 期。

［40］郑思齐、刘洪玉：《购物中心规划和运作的经济分析》，载《商业研究》2003 年第 18 期。

［41］《中国公路学报》编辑部：《中国交通工程学术研究综述·2016》，载《中国公路学报》2006 年第 6 期。

［42］Alshalalfah B W and Amer S Shalaby, Case Study：Relationship of Walk Access Distance to Transit with Service, Travel, and Personal Characteristics. *Journal of Urban Planning and Development*, Vol. 133, No. 2, 2007, pp. 114 – 118.

［43］Alwitt Linda F and Thomas D Donley, Retail Stores in Poor Urban Neighborhoods. *Journal of Consumer Affairs*, Vol. 31, No. 1, 1997, pp. 139 – 164.

［44］Arentze, Theo A and Harry J P Timmermans. Deriving Performance Indicators from Models of Multipurpose Shopping Behavior. *Journal of Retailing and Consumer Services*, Vol. 8, No. 6, 2001, pp. 325 – 334.

［45］Arentze Theo A et al. , A Multipurpose Shopping Trip Model to Assess Retail Agglomeration Effects. *Journal of Marketing Research*, Vol. 42, No. 1, 2005, pp. 109 – 115.

［46］Baker Robert G V, The Impact of the Deregulation of Retail Hours on Shopping Trip Patterns in a Mall Hierarchy：An Application of the Rastt Model to the Sydney Project (1980 – 1998) and the Global Vacant Shop Problem. *Journal of Retailing and Consumer Services*, Vol. 9, No. 3, 2002, pp. 155 – 171.

[47] Baum-Snow, Nathaniel et al. , Roads, Railroads, and Decentralization of Chinese Cities. *Review of Economics and Statistics*, Vol. 99, No. 3, 2017, pp. 435 – 448.

[48] Beavon Keith Sidney Orrock. *Central Place Theory*; *a Reinterpretation*. Longman Publishing Group, 1977.

[49] Berry Brian J L, Commercial Structure and Commercial Bright: Retail Patterns and Process in the City of Chicago. *Research Paper*, No. 85, 1963, pp. 235.

[50] Berry, Brian Joe Lobley, *Geography of Market Centers and Retail Distribution*. Englewood Cliffs, NJ: Prentice-Hall, Vol. 10, 1967.

[51] Berry Steven and Joel Waldfogel, Product Quality and Market Size. *The Journal of Industrial Economics*, Vol. 58, No. 1, 2010, pp. 1 – 31.

[52] Bloch Peter H et al. , The Shopping Mall as Consumer Habitat. *Journal of Retailing*, Vol. 70, No. 1, 1994, pp. 23 – 42.

[53] Bohl Charles C and Dean Schwanke, *Place Making: Developing Town Centers, Main Streets, and Urban Villages*. Urban Land Inst, 2002.

[54] Bollinger Christopher R and Keith R Ihlanfeldt, The Impact of Rapid Rail Transit on Economic Development: The Case of Atlanta's Marta. *Journal of Urban Economics*, Vol. 42, No. 2, 1997, pp. 179 – 204.

[55] Bowes David R and Keith R Ihlanfeldt, Identifying the Impacts of Rail Transit Stations on Residential Property Values. *Journal of Urban Economics*, Vol. 50, No. 1, 2001, pp. 1 – 25.

[56] Bradbury Katharine L et al. , School Quality and Massachusetts Enrollment Shifts in the Context of Tax Limitations. *New England Economic Review*, 1998, pp. 3 – 20.

[57] Brandenburger Adam M and Barry J Nalebuff, *Co-Opetition*. New York, Bantam Doubleday Dell Publishing Group. Inc, 1996.

参考文献

［58］ Breheny Michael J, The Measurement of Spatial Opportunity in Strategic Planning. *Regional Studies*, Vol. 12, No. 4, 1978, pp. 463 – 479.

［59］ Bresnahan Timothy F and Peter C Reiss, Entry and Competition in Concentrated Markets. *Journal of Political Economy*, Vol. 99, No. 5, 1991, pp. 977 – 1009.

［60］ Brueckner Jan K et al. , Why Is Central Paris Rich and Downtown Detroit Poor? An Amenity-Based Theory. *European Economic Review*, Vol. 43, No. 1, 1999, pp. 91 – 107.

［61］ Byrum Oliver E, *Old Problems in New Times: Urban Strategies for the 1990s.* Amer Planning Assn, 1992.

［62］ Campbell Jeffrey R and Hugo A Hopenhayn, Market Size Matters. *The Journal of Industrial Economics*, Vol. 53, No. 1, 2005, pp. 1 – 25.

［63］ Carlino Gerald A and Albert Saiz, *City Beautiful: Revealed Preferences for Amenities and Urban Growth.* Citeseer, 2008.

［64］ Chebat Jean-Charles et al. , How Can Shopping Mall Management Best Capture Mall Image? *Journal of Business Research*, Vol. 63, No. 7, 2010, pp. 735 – 740.

［65］ Clark William AV and Gerard Rushton, Models of Intra Urban Consumer Behavior and Their Implications for Central Place Theory. *Economic Geography*, Vol. 46, No. 3, 1970, pp. 486 – 497.

［66］ Converse Paul D, New Laws of Retail Gravitation. *Journal of Marketing*, Vol. 14, No. 3, 1949, pp. 379 – 384.

［67］ Couture Victor. Valuing the Consumption Benefits of Urban Density. *University of California, Berkeley. Processed*, 2013.

［68］ Crainic Teodor Gabriel et al. , Models for Evaluating and Planning City Logistics Systems. *Transportation Science*, Vol. 43, No. 4, 2009, pp. 432 – 454.

城市空间中的消费活力与区位价值

[69] Davies Ross L, A Framework for Commercial Planning Policies. *The Town Planning Review*, Vol. 48, No. 1, 1977, pp. 42 – 58.

[70] Davis Peter, Spatial Competition in Retail Markets: Movie Theaters. *The RAND Journal of Economics*, Vol. 37, No. 4, 2006, pp. 964 – 982.

[71] Debrezion Ghebreegziabiher et al. , The Impact of Railway Stations on Residential and Commercial Property Value: A Meta-Analysis. *The Journal of Real Estate Finance and Economics*, Vol. 35, No. 2, 2007, pp. 161 – 180.

[72] DeLisle James and Terry Grissom, An Empirical Study of the Efficacy of Mixed-Use Development: The Seattle Experience. *Journal of Real Estate Literature*, Vol. 21, No. 1, 2013, pp. 25 – 57.

[73] Dennis Charles et al. , Objects of Desire. *Consumer Behaviour in Shopping Centre*, 2005.

[74] DiPasquale Denise and William C Wheaton, *Urban Economics and Real Estate Markets*. Prentice Hall Englewood Cliffs, NJ, Vol. 23, 1996, Vol. 7.

[75] Dubin Robin A and Allen C Goodman, Valuation of Education and Crime Neighborhood Characteristics through Hedonic Housing Prices. *Population and Environment*, Vol. 5, No. 3, 1982, pp. 166 – 181.

[76] Dudey Marc, A Note on Consumer Search, Firm Location Choice, and Welfare. *The Journal of Industrial Economics*, 1993, pp. 323 – 331.

[77] Duranton, Gilles and Matthew A Turner, Urban Growth and Transportation. *Review of Economic Studies*, Vol. 79, No. 4, 2012, pp. 1407 – 1440.

[78] Ellwood Leon W, Estimating Potential Volume of Proposed Shopping Centers. *The Appraisal Journal*, Vol. 22, No. 4, 1954, p. 583.

[79] Ewing R, Meakins G, Bjarnson G and Hilton H, *Transportation and Land Use.* In Dannenberg A, Frumkin H and Jackson R. , *Making*

参考文献

Healthy Places, Washington, DC: Island Press, 2011.

[80] Fischer Jeffrey H and Joseph E Harrington Jr, Product Variety and Firm Agglomeration. *The RAND Journal of Economics*, 1996, pp. 281 – 309.

[81] Ford David and Raymond McDowell, Managing Business Relationships by Analyzing the Effects and Value of Different Actions. *Industrial Marketing Management*, Vol. 28, No. 5, 1999, pp. 429 – 442.

[82] Fujita Masahisa and Hideaki Ogawa, Multiple Equilibria and Structural Transition of Non-Monocentric Urban Configurations. *Regional Science and Urban Economics*, Vol. 12, No. 2, 1982, pp. 161 – 196.

[83] Gabszewicz, Jean Jaskold and Jacques-Francois Thisse. *Spatial Competition and the Location of Firms. Vol. 5*, Harwood Academic Publishers Chur, Switzerland, 1986.

[84] Garner Barry J, *The Internal Structure of Retail Nucleations*. Department of Geography, Northwestern University, Vol. 12, 1966.

[85] Getis Arthur, *A Theoretical and Empirical Inquiry into the Spatial Structure of Retail Activities*. University of Washington, 1961.

[86] Gimpel James G and Jason E Schuknecht, Political Participation and the Accessibility of the Ballot Box. *Political Geography*, Vol. 22, No. 5, 2003, pp. 471 – 488.

[87] Glaeser Edward L and Joshua D Gottlieb, Urban Resurgence and the Consumer City. *Urban Studies*, Vol. 43, No. 8, 2006, pp. 1275 – 1299.

[88] Glaeser Edward L et al. , Consumer City. *Journal of Economic Geography*, Vol. 1, No. 1, 2001, pp. 27 – 50.

[89] Goldstein Morris et al. , Prices of Tradable and Nontradable Goods in the Demand for Total Imports. *The Review of Economics and Statistics*, 1980, pp. 190 – 199.

[90] Golledge Reginald G and Lawrence A Brown, Search, Learning,

and the Market Decision Process. *Geografiska Annaler: Series B, Human Geography*, Vol. 49, No. 2, 1967, pp. 116 – 124.

[91] Guagliardo Mark F, Spatial Accessibility of Primary Care: Concepts, Methods and Challenges. *International Journal of Health Geographics*, Vol. 3, No. 1, 2004, pp. 1 – 13.

[92] Guy Clifford, Is "Demonstration of Need" Necessary in Retail Planning Policy? *Regional Studies*, Vol. 41, No. 1, 2007, pp. 131 – 137.

[93] Hackett Paul MW and Gordon R Foxall, A Factor Analytic Study of Consumers' Location Specific Values: A Traditional High Street and a Modern Shopping Mall. *Journal of Marketing Management*, Vol. 10, No. 1 – 3, 1994, pp. 163 – 178.

[94] Handy Susan, Regional Versus Local Accessibility: Implications for Nonwork Travel. 1993.

[95] Haner D A, Dows D A, Electric Field-induced Spectra: Contour Analysis of the 3860Å Band of Acrolein. *Journal of Molecular Spectroscopy*, Vol. 34, No. 2, 1970, pp. 296 – 311.

[96] Hansen Walter G, How Accessibility Shapes Land Use. *Journal of the American Institute of Planners*, Vol. 25, No. 2, 1959, pp. 73 – 76.

[97] Hardin, William G and Marvin L Wolverton, Neighborhood Center Image and Rents. *The Journal of Real Estate Finance and Economics*, Vol. 23, No. 1, 2001, pp. 31 – 46.

[98] Hayes Lashawn Richburg, Are Prices Higher for the Poor in New York City? *Journal of Consumer Policy*, Vol. 23, No. 2, 2000, pp. 127 – 152.

[99] Highway Research Board, *Parking Principles*. Washington DC: Highway Research Board, 1971.

[100] Hoch Irving. Variations in the Quality of Urban Life among Cities and Regions. *Public Economics and the Quality of Life*, 1977, pp. 28.

参考文献

[101] Hoehner Christine M et al. , Perceived and Objective Environmental Measures and Physical Activity among Urban Adults. *American Journal of Preventive Medicine*, Vol. 28, No. 2, 2005, pp. 105 – 116.

[102] Horwood Edgar M and Ronald R Boyce, *Studies of the Central Business District and Urban Freeway Development.* Seattle: University of Washington Press, 1959.

[103] Howard, Elizabeth, The Management of Shopping Centres: Conflict or Collaboration? *The International Review of Retail, Distribution and Consumer Research*, Vol. 7, No. 3, 1997, pp. 263 – 285.

[104] Hsu Wen-Tai, Central Place Theory and City Size Distribution. *The Economic Journal*, Vol. 122, No. 563, 2012, pp. 903 – 932.

[105] Huff David L, Defining and Estimating a Trading Area. *Journal of Marketing*, Vol. 28, No. 3, 1964, pp. 34 – 38.

[106] Ingram David R, The Concept of Accessibility: A Search for an Operational Form. *Regional Studies*, Vol. 5, No. 2, 1971, pp. 101 – 107.

[107] Joseph Alun E and Peter R Bantock, Measuring Potential Physical Accessibility to General Practitioners in Rural Areas: A Method and Case Study. *Social Science & Medicine*, Vol. 16, No. 1, 1982, pp. 85 – 90.

[108] Kelley Kevin C, Urban Disamenities and the Measure of Economic Welfare. *Journal of Urban Economics*, Vol. 4, No. 4, 1977, pp. 379 – 388.

[109] Lee Chanam and Anne Vernez Moudon, The 3ds + R: Quantifying Land Use and Urban Form Correlates of Walking. *Transportation Research Part D: Transport and Environment*, Vol. 11, No. 3, 2006, pp. 204 – 215.

[110] Lee Sanghoon, Ability Sorting and Consumer City. *Journal of Urban Economics*, Vol. 68, No. 1, 2010, pp. 20 – 33.

[111] Leinberger Christopher B, *The Option of Urbanism: Investing in a New American Dream.* Island Press, 2010.

城市空间中的消费活力与区位价值

［112］ Leslie, Eva et al. , Walkability of Local Communities: Using Geographic Information Systems to Objectively Assess Relevant Environmental Attributes. *Health & Place*, Vol. 13, No. 1, 2007, pp. 111 – 122.

［113］ Levinsun H S, Zoing for Parking: A Global Perspective. *ITE Journal*, Vol. 54, No. 11, 1984, pp. 18 – 22.

［114］ Litman Todd Alexander, Economic Value of Walkability. *Transportation Research Record*, Vol. 1828, No. 1, 2003, pp. 3 – 11.

［115］ Litman Todd, Evaluating Accessibility for Transportation Planning. *Victoria Transport Policy Institute*, *Victoria*, *Canada*, 2008.

［116］ Malizia E and Y Song, *Vibrant Downtowns: Can Vibrancy Explain Variations in Downtown Property Performance*. Working Paper. Institute for Economic Development, UNCH, 2014.

［117］ Mayer Harold M, Patterns and Recent Trends of Chicago's Outlying Business Centers. *The Journal of Land & Public Utility Economics*, Vol. 18, No. 1, 1942, pp. 4 – 16.

［118］ Mazzolari Francesca and David Neumark, Immigration and Product Diversity. *Journal of Population Economics*, Vol. 25, No. 3, 2012, pp. 1107 – 1137.

［119］ Mejia Luis C and Mark J Eppli, Inter-Center Retail Externalities. *The Journal of Real Estate Finance and Economics*, Vol. 27, No. 3, 2003, pp. 321 – 333.

［120］ Myers Dowell and Elizabeth Gearin, Current Preferences and Future Demand for Denser Residential Environments. 2001.

［121］ Oppewal, Harmen and Belinda Holyoake, Bundling and Retail Agglomeration Effects on Shopping Behavior. *Journal of Retailing and Consumer Services*, Vol. 11, No. 2, 2004, pp. 61 – 74.

［122］ Pashigian B Peter and Eric D Gould, Internalizing Externalities:

The Pricing of Space in Shopping Malls. *The Journal of Law and Economics*, Vol. 41, No. 1, 1998, pp. 115 – 142.

[123] Peteru, Swetha et al. , Local Vibrancy in a Globalizing World: Evidence from Dominica, Eastern Caribbean. *FOCUS on Geography*, Vol. 53, No. 4, 2010, pp. 125 – 133.

[124] Pivo Gary and Jeffrey D Fisher, The Walkability Premium in Commercial Real Estate Investments. *Real Estate Economics*, Vol. 39, No. 2, 2011, pp. 185 – 219.

[125] Potter R B, *The Urban Retail System*. Aldershot: Gower, 1982.

[126] Power, Thomas M, Urban Size (Dis) Amenities Revisited. *Journal of Urban Economics*, Vol. 9, No. 1, 1981, pp. 85 – 89.

[127] Quinn James A, The Hypothesis of Median Location. *American Sociological Review*, Vol. 8, No. 2, 1943, pp. 148 – 156.

[128] Reilly William John, *The Law of Retail Gravitation*. New York: The Knickerboeker Press, 1931.

[129] Reimers Vaughan and Valerie Clulow, Retail Centres: It's Time to Make Them Convenient. *International Journal of Retail & Distribution Management*, 2009.

[130] Reimers Vaughan and Valerie Clulow, Retail Concentration: A Comparison of Spatial Convenience in Shopping Strips and Shopping Centres. *Journal of Retailing and Consumer Services*, Vol. 11, No. 4, 2004, pp. 207 – 221.

[131] Roback Jennifer, Wages, Rents, and the Quality of Life. *Journal of Political Economy*, Vol. 90, No. 6, 1982, pp. 1257 – 1278.

[132] Robertson, Dan H and Barnett A Greenberg, Shopping Center Patronage Motives. *Journal of Retailing*, Vol. 53, No. 2, 1977, pp. 29 – 38.

[133] Rodríguez Daniel A and Carlos H Mojica, Capitalization of Brt

城市空间中的消费活力与区位价值

Network Expansions Effects into Prices of Non-Expansion Areas. *Transportation Research Part A: Policy and Practice*, Vol. 43, No. 5, 2009, pp. 560 – 571.

[134] Rosen Sherwin, The Theory of Equalizing Differences. *Handbook of Labor Economics*, Vol. 1, 1986, pp. 641 – 692.

[135] Rowe Kyle, Measuring the Economic Impact of Bicycle Facilities on Neighborhood Business Districts. 2013.

[136] Salop Steven C, Monopolistic Competition with Outside Goods. *The Bell Journal of Economics*, 1979, pp. 141 – 156.

[137] Schiff Nathan, Cities and Product Variety: Evidence from Restaurants. *Journal of Economic Geography*, Vol. 15, No. 6, 2015, pp. 1085 – 1123.

[138] Schuetz Jenny, Do Rail Transit Stations Encourage Neighbourhood Retail Activity? *Urban Studies*, Vol. 52, No. 14, 2015, pp. 2699 – 2723.

[139] Schuetz Jenny et al., Are Poor Neighborhoods "Retail Deserts"? *Regional Science and Urban Economics*, Vol. 42, No. 1 – 2, 2012, pp. 269 – 285.

[140] Severin Valerie et al., The Stability of Retail Shopping Choices over Time and across Countries. *Journal of Retailing*, Vol. 77, No. 2, 2001, pp. 185 – 202.

[141] Shannon Claude Elwood, A Mathematical Theory of Communication. *The Bell System Technical Journal*, Vol. 27, No. 3, 1948, pp. 379 – 423.

[142] Shiller Robert J, Understanding Recent Trends in House Prices and Home Ownership. National Bureau of Economic Research Cambridge, Mass, USA, 2007.

[143] Sirmans C and Krisandra Guidry, The Determinants of Shopping Center Rents. *Journal of Real Estate Research*, Vol. 8, No. 1, 1993, pp. 107 – 115.

[144] Song Yan and Gerrit-Jan Knaap, Measuring Urban Form: Is Portland Winning the War on Sprawl? *Journal of the American Planning Association*, Vol. 70, No. 2, 2004, pp. 210 – 225.

参考文献

［145］Song Yan and Gerrit – Jan Knaap, New Urbanism and Housing Values: A Disaggregate Assessment. *Journal of Urban Economics*, Vol. 54, No. 2, 2003, pp. 218 – 238.

［146］Song Yan, Smart Growth and Urban Development Pattern: A Comparative Study. *International Regional Science Review*, Vol. 28, No. 2, 2005, pp. 239 – 265.

［147］Stern Nicholas, The Optimal Size of Market Areas. *Journal of Economic Theory*, Vol. 4, No. 2, 1972, pp. 154 – 173.

［148］Syverson Chad, Market Structure and Productivity: A Concrete Example. *Journal of Political Economy*, Vol. 112, No. 6, 2004, pp. 1181 – 1222.

［149］Sztabinski Fred, Bike Lanes, on-Street Parking and Business: A Study of Bloor Street in Toronto's Annex Neighborhood. 2009.

［150］Talen E, Anselin L, Assessing Spatial Equity: An Evaluation of Measures of Accessibility to Public Playgrounds. *Environment and Planning A*, Vol. 30, No. 4, 1998, pp. 595 – 613.

［151］Tay, Richard et al. , The Determination of Rent in Shopping Centers: Some Evidence from Hong Kong. *Journal of Real Estate Literature*, Vol. 7, No. 2, 1999, pp. 183 – 196.

［152］Teller Christoph and Jonathan Elms, Managing the Attractiveness of Evolved and Created Retail Agglomerations Formats. *Marketing Intelligence & Planning*, 2010.

［153］Teller Christoph and Peter Schnedlitz, Drivers of Agglomeration Effects in Retailing: The Shopping Mall Tenant's Perspective. *Journal of Marketing Management*, Vol. 28, No. 9 – 10, 2012, pp. 1043 – 1061.

［154］Teller Christoph and Thomas Reutterer, The Evolving Concept of Retail Attractiveness: What Makes Retail Agglomerations Attractive When Customers Shop at Them? *Journal of Retailing and Consumer Services*, Vol. 15,

No. 3, 2008, pp. 127 – 143.

[155] Teller Christoph et al., Hedonic and Utilitarian Shopper Types in Evolved and Created Retail Agglomerations. *The International Review of Retail, Distribution and Consumer Research*, Vol. 18, No. 3, 2008, pp. 283 – 309.

[156] Teller Christoph et al., Place Marketing and Urban Retail Agglomerations: An Examination of Shoppers' Place Attractiveness Perceptions. *Place Branding and Public Diplomacy*, Vol. 6, No. 2, 2010, pp. 124 – 133.

[157] Teller Christoph, Shopping Streets Versus Shopping Malls-Determinants of Agglomeration Format Attractiveness from the Consumers' Point of View. *The International Review of Retail, Distribution and Consumer Research*, Vol. 18, No. 4, 2008, pp. 381 – 403.

[158] Tu Charles C and Mark J Eppli, Valuing New Urbanism: The Case of Kentlands. *Real Estate Economics*, Vol. 27, No. 3, 1999, pp. 425 – 451.

[159] Vandell, Kerry D and Charles C Carter, Store Location in Shopping Centers: Theory and Estimates. *Journal of Real Estate Research*, Vol. 27, 2006.

[160] van der Waerden Peter et al., The Impact of the Parking Situation in Shopping Centres on Store Choice Behaviour. *Geo Journal*, Vol. 45, No. 4, 1998, pp. 309 – 315.

[161] Veblen Thorstein and C Wright Mills, *The Theory of the Leisure Class*. Routledge, 2017.

[162] Wachs Martin and T Gordon Kumagai, Physical Accessibility as a Social Indicator. *Socio-Economic Planning Sciences*, Vol. 7, No. 5, 1973, pp. 437 – 456.

[163] Wakefield Kirk L and Julie Baker, Excitement at the Mall: Determinants and Effects on Shopping Response. *Journal of Retailing*, Vol. 74, No. 4, 1998, pp. 515 – 539.

[164] Waldfogel Joel, The Median Voter and the Median Consumer: Local Private Goods and Population Composition. *Journal of Urban Economics*, Vol. 63, No. 2, 2008, pp. 567 – 582.

[165] Wang F and Luo W., Assessing Spatial and Nonspatial Factors for Healthcare Access: Towards an Integrated Approach to Defining Health Professional Shortage Areas. *Health & Place*, Vol. 11, No. 2, 2005, pp. 131 – 146.

[166] Warnaby Gary et al., Marketing UK Towns and Cities as Shopping Destinations. *Journal of Marketing Management*, Vol. 18, No. 9 – 10, 2002, pp. 877 – 904.

[167] Warnaby Gary et al., Retailing and the Marketing of Urban Places: A Uk Perspective. *The International Review of Retail, Distribution and Consumer Research*, Vol. 15, No. 2, 2005, pp. 191 – 215.

[168] Whyatt Georgina, Town Centre Management: How Theory Informs a Strategic Approach. *International Journal of Retail & Distribution Management*, 2004.

[169] Zheng Siqi and Matthew E Kahn, Does Government Investment in Local Public Goods Spur Gentrification? Evidence from Beijing. *Real Estate Economics*, Vol. 41, No. 1, 2013, pp. 1 – 28.

[170] Zheng Siqi et al., Transit Development, Consumer Amenities and Home Values: Evidence from Beijing's Subway Neighborhoods. *Journal of Housing Economics*, Vol. 33, 2016, pp. 22 – 33.

城市空间中的消费活力与区位价值

图书在版编目（CIP）数据

城市空间中的消费活力与区位价值／徐杨菲著．—北京：经济科学出版社，2022.8

ISBN 978 - 7 - 5218 - 3933 - 3

Ⅰ．①城…　Ⅱ．①徐…　Ⅲ．①城市 – 消费 – 研究 – 中国　Ⅳ．①F126.1

中国版本图书馆 CIP 数据核字（2022）第 148766 号

责任编辑：初少磊　赵　芳
责任校对：刘　昕
责任印制：范　艳

城市空间中的消费活力与区位价值

徐杨菲　著

经济科学出版社出版、发行　新华书店经销

社址：北京市海淀区阜成路甲 28 号　邮编：100142

总编部电话：010 - 88191217　发行部电话：010 - 88191522

网址：www. esp. com. cn

电子邮箱：esp@ esp. com. cn

天猫网店：经济科学出版社旗舰店

网址：http：//jjkxcbs. tmall. com

北京季蜂印刷有限公司印装

710×1000　16 开　11.5 印张　160000 字

2022 年 8 月第 1 版　2022 年 8 月第 1 次印刷

ISBN 978 - 7 - 5218 - 3933 - 3　定价：59.00 元

（图书出现印装问题，本社负责调换。电话：010 - 88191510）

（版权所有　侵权必究　打击盗版　举报热线：010 - 88191661

QQ：2242791300　营销中心电话：010 - 88191537

电子邮箱：dbts@ esp. com. cn）